LA FAMILIA DE PASCUAL DUARTE
A TRAVÉS DE SU IMAGINERÍA

KAREN E. BREINER-SANDERS
Georgetown University

La familia de Pascual Duarte
a través de su imaginería

EDITORIAL PLIEGOS
MADRID

354806

I. S. B. N.: 84-86214-47-5
Depósito Legal: M - 13.738 - 1990
Colección Pliegos de Ensayo
Diseño: Fabo
EDITORIAL PLIEGOS
Gobernador, 29 - 4.º A - 28014 Madrid
Apartado 50.358
Printed in Spain - Impreso en España
Composición: Agueda-Juárez, A. G.
Impresión: COOPEGRAF

ÍNDICE

A mis padres, Edwin y Val Breiner

AGRADECIMIENTO

Deseo expresar mi más sincero agradecimiento a la Escuela de Servicio Exterior de la Universidad de Georgetown, Washington, D. C., cuyo Walsh Fund posibilitó la elaboración de este manuscrito, y también a la Escuela de Lenguas y Lingüística de la misma Universidad, por haberme facilitado, en igual medida, las revisiones necesarias.

INTRODUCCIÓN

Muchas y bastante diversas han sido las empresas y logros de Camilo José Cela (1916) a lo largo de más de cincuenta años de ilustre carrera literaria. Su singular talento creativo se ha manifestado a través de una larga serie de impresionantes publicaciones que abarcan varios géneros, así como otras tantas variaciones de los mismos. Esta fecundidad literaria apunta a una vitalidad y flexibilidad envidiables ante el siempre cambiante panorama de la literatura española [1].

La actividad narrativa de Cela se vio ensanchada a partir de 1956 al incluir la fundación y dirección de *Papeles de Son Armadans,* revista literaria mensual que por 23 años gozó de una alta y bien merecida estima-

---

[1] Los escritos principales de Camilo José Cela reflejan —o han lanzado— las variables corrientes literarias, y establecen al autor como uno de los pocos novelistas verdaderamente experimentales de la postguerra: el tremendismo y las tendencias existencialistas de los años 40 (*La familia de Pascual Duarte,* 1942); el neorrealismo —el realismo socio-crítico, el objetivismo de la novela testimonial de los años 50 y 60 (*La colmena,* 1951, novela unanimista); la 'contraola' antirrealista—, la nueva ola, la nueva novela de los años 60 y 70 (*San Camilo,* 1936, 1969, y *Oficio de tinieblas 5,* 1973); y la década actual, demasiado vigente para llevar etiqueta, pero que parece marcar una nueva insistencia en las posibilidades expresivas de la lengua, y parece señalar una nueva búsqueda hacia atrás para sondear y comunicar la fuerza de las pasiones primordiales, sobre todo la violencia, que se repiten inexorablemente en toda empresa humana (*Mazurca para dos muertos,* 1983, y *Cristo versus Arizona,* 1988).

ción dentro de los círculos intelectuales y académicos.

En 1957, cuando ya había alcanzado una fama y una popularidad insólitas, Cela fue nombrado miembro de la Real Academia Española, seguido en 1980 por su ingreso en la Academia Gallega. Pese a su poca experiencia en el campo de la política organizada, pero en virtud de su gran prestigio como hombre de letras, Cela fue nombrado senador real por Su Majestad D. Juan Carlos en la primera legislatura de 1977, cargo que utilizó, como era de esperar, para ocuparse de modificaciones precisas en el vocabulario y la sintaxis de la Constitución de 1978 [2].

Cela ha sido galardonado con premios literarios considerables; entre los más recientes, el Premio Nacional de Literatura 1984, concedido por su novela *Mazurca para dos muertos,* y el Premio Ramón Godo Lallana (de periodismo) 1986, el Premio Príncipe de Asturias, 1987, y el galardón culminante de su carrera y de su vida, el Premio Nobel de Literatura, 1989. El mismo Cela ha participado en numerosos jurados, y figura como miembro honorífico de varias organizaciones notables: la Sociedad Hispánica de América, la Asociación Americana de Maestros de Español y Portugués, Letras de Oro. Además, un buen número de universidades le han otorgado el doctorado «honoris causa»: la Universidad de

---

[2] Cela se opuso a la idea de que sus aportaciones fueran lingüísticas: «No fueron meramente lingüísticas; fueron incluso políticas porque vieron que, en todo caso, la palabra, la lengua, es una expresión política también». [FRANCISCO LÓPEZ, «Encuentro con Camilo José Cela, *Mazurca para Camilo José Cela*» (Madrid: Francisco López, 1986), p. 103].

Syracuse (EE. UU.), 1964; de Birmingham (Inglaterra), 1976; de Santiago de Compostela (España), 1979; de Palma de Mallorca (España), 1979; John F. Kennedy (Argentina), y la Universidad Interamericana de Puerto Rico.

Todos estos honores, y muchos otros [3], recalcan una y otra vez la simbiosis de forma y fondo, de lengua y literatura, que constituye el quid de la labor celiana, una dualidad de enfoque siempre presente, pero que figura de una manera particularmente prominente en su producción novelística. He aquí la dimensión de su arte más celebrada y más acogida tanto por los críticos como por el público lector.

Se suelen clasificar diez de sus obras principales bajo el rótulo genérico de novela, a saber: *La familia de Pascual Duarte* (1942), *Pabellón de reposo* (1943), *Nuevas andanzas y desventuras de Lazarillo de Tormes* (1944), *La colmena* (1951), *Mrs. Caldwell habla con su hijo* (1953), *La catira* (1955; Premio de la Crítica, 1956), *San Camilo, 1936* (1969), *Oficio de tinieblas, 5* (1973), *Mazurca para dos muertos* (1983) y *Cristo versus Arizona* (1988). Pisamos en terreno movedizo si tratamos de analizar estos escritos bastante dispares con arreglo a una noción rígida y convencional de la novela, puesto que, en realidad, ésta ha sido siempre —hoy más que nunca— un algo variable y evasivo que cambia según la época y aún más según el autor. El mismo Cela

---

[3] Para una idea más amplia del reconocimiento público otorgado a Camilo José Cela, véase ROGER D. TINNELL, «Camilo José Cela», *The Review of Contemporary Fiction*, IV, núm. 3 (otoño, 1984), pp. 38-43.

ha rechazado repetidas veces la idea de los géneros literarios, acaso para justificar así la falta de uniformidad
y convencionalismo dentro de sus propias obras. Con
todo, y especialmente en lo tocante a la novela, el autor
se ha ocupado mucho de dar, si no una definición —según él, la novela es indefinible [4]— a lo menos una explicación de lo que cabe en ella. «... la novela, hoy por
hoy, es un género multiforme, proteico, en formación,
en fermentación, un género que lo abarca todo, el libro
filosófico, el libro psicológico, la aventura, la utopía,
lo épico» [5]. Estas ideas barojianas, reiteradas y confir-
madas por Cela, nos facilitan el agrupar las obras men-
cionadas bajo el común denominador de esta multiplici-
dad novelística de que habla, y, por consiguiente, proceder asignando al autor la etiqueta de novelista en el
sentido más amplio y flexible de la palabra. Y esto a
pesar de la negativa del mismo autor ante el rótulo de
«novela» asignado a algunas de sus obras más recientes:
«naturalmente, esto no es una novela, sino la purga de
mi corazón» [6].

Ahora bien, el que Cela haya ganado tanto reconocimiento como novelista estriba en dos factores: el valor
de sus obras mismas y el momento en que se escribie-
ron. Los críticos han dado gran importancia a estos dos
aspectos, especialmente en lo que atañe a las primeras
novelas, y Cela mismo ha comentado sobre esto: «Me
considero el más importante novelista desde el 98 y me

---

[4] «A vueltas con la novela», *Cuatro figuras del 98 y otros retratos y ensayos españoles* (Barcelona: Editorial Aedos, 1961), p. 357.
[5] *Ibíd.*
[6] *Oficio de tinieblas 5*, 7.ª ed. (Barcelona: Editorial Noguer, 1974),
p. 7.

espanta el considerar lo fácil que me resultó. Pido perdón por no haberlo podido evitar»[7]. Poco importa si se toman estas ambiguas palabras por jactanciosas y egotistas o por encubridoras de humildad; el hecho es que no mienten. Con la publicación de su primera tentativa novelística, Cela logró efectuar un salto desde el anonimato hasta la prominencia de un escritor de primera fila cuya popularidad se extendió mucho más allá de las fronteras de su patria. Su éxito fue todavía más sonado debido a que no había, en rigor, otro escritor comparable dentro del vacío que era el campo literario después de la Guerra Civil. Aquella situación lamentable tuvo indudablemente algo que ver con el triunfo inicial de Cela, mas para explicar su fama sostenida a través de los años hay que recurrir a las novelas mismas.

Ya han pasado más de cuarenta y siete años desde que *La familia de Pascual Duarte* surgió de la prolífica pluma de Camilo José Cela. El autor se ha mostrado propenso en varias ocasiones a volver sobre sus propias creaciones literarias, e incluso las de otros, con un nuevo ímpetu para rehacerlas según una óptica más contemporánea, y recientemente en plan de conmemoración: *Nuevas andanzas y desventuras de Lazarillo de Tormes* (1944), *Nuevo viaje a la Alcarria* (1986). Los estudiosos de la obra celiana también nos sentimos impulsados por este espíritu conmemorativo a examinar de nuevo las obras claves de este célebre y distinguido autor, y a hacerlo antes de que el mismo Cela se ponga a escribir nuevas versiones de las mismas que alteren o confundan de alguna manera sus distintas características y circuns-

---

[7] *Baraja de invenciones* (Valencia: Editorial Castalia, 1953), p. 8.

tancias novelísticas [8]. *La familia de Pascual Duarte,* como novela clave inicial, como «pistoletazo de salida para una carrera de más amplias ambiciones» [9], urge esta nueva consideración, y a la luz de las normas y los criterios literarios más vigentes [10].

A través de sus cuartillas, el azarado portavoz de Cela ha dejado mucho más que los meros hechos de su vida. Nos ha ofrecido una visión de su existencia que encierra en sí tanto como lo que explica, si no más. Lo sugerido, incluso cuando brota de la boca de un vulgar y rudo campesino como Pascual Duarte, a menudo resulta más poderosamente significativo que lo expresado [11]. Las sugerencias de éste pueden hallarse, sobre

---

[8] Con respecto a *Nuevo viaje a la Alcarria,* Rafael Conte ha comentado que la «espléndida prosa de Camilo José Cela se ha ido complicando al correr de los años. ... De este modo, se ha vuelto más barroca, más complicada, y se ha convertido en el mejor ejemplo de manierismo de la literatura española actual: reafirma sus valores formales por encima de la vigencia de los contenidos expresados». [*El País,* 24 de marzo de 1986; *Cambio 16,* 17 de febrero de 1986, y citado en *Hispania,* 69 (diciembre de 1986), p. 913]. A nuestro modo de ver, *La familia de Pascual Duarte* de 1942 ofrece bastantes complicaciones de contexto que piden aclaración sin que se aplique otra capa de enredos estilísticos que más pueden soterrar la verdadera esencia de la novela que ponerla de relieve.

[9] MARIANO TUDELA, «Breve preámbulo con júbilo al fondo», *Mazurca para Camilo José Cela* (Madrid: Francisco López, 1986), p. 7.

[10] Así es que no nos conformamos con la idea expresada por las autoras Bache Cortés y Fernández Arias a este respecto: «*La familia de Pascual Duarte* ha pasado ya a la historiografía; la crítica no siente la necesidad de volver a ella, y le ha conservado sus originales adjetivos» [*Pascual Duarte y Alfanhuí: dos actitudes de posguerra* (México: Universidad Nacional Autónoma de México, 1979), p. viii].

[11] G. G. Brown ha hecho hincapié en la sutileza y la complejidad que venimos observando en la obra: «... the novel's chief merit is its subtlety, in its revelation that the violent peasant protagonist,

todo, dentro de las analogías explícitas e implícitas que
atraviesan la obra, analogías que logran sobrepasar los
límites de lo puramente literal y efectivamente comparar lo que es el caso y lo que, en rigor, no lo es en el
mundo de dicha novela. En términos retóricos, estas
analogías explícitas e implícitas se llaman, respectiva-
mente, el símil y la metáfora. Nos interesan estos dos
tropos sobre todo por su poder sugestivo y por las nuevas dimensiones y percepciones que ofrecen para el entendimiento de la obra [12]. No es el intento, malogrado
a nuestro modo de ver, incluir y examinar todos los
tropos existentes en el arsenal del lenguaje figurado,
sobre todo en lo que se refiere a un protagonista cuyo
primitivismo y rudeza constituyen la esencia de una novela destinada a desacomodar y escandalizar, tanto en

---

outwardly brutalized by a fatal chain of circumstances, is a tragically
complicated personality, struggling with the intolerable psychological
burdens of a genuine sensitivity, a demanding and potentially noble
moral conscience, and a manifestly Oedipal relationship with his
odious mother... To have conveyed all this through the challenging
medium of the personal reminiscences of an untutored villager, is a
very considerable literary achievement». [*A Literary History of Spain:
The Twentieth Century* (Londres: Ernest Benn Ltd., 1972), p. 145].

[12] Es revelador que Emilio González López haya propuesto un
parentesco entre *La familia de Pascual Duarte* (novela) y *Martín
Fierro* (poema) basado en elementos temáticos que tienen en común
las dos obras (el sentido de la fatalidad, la fuerza de las circunstancias como motor de la violencia) y elementos estilísticos compartidos,
relacionados con el lenguaje mismo, los cuales refuerzan aquéllos.
«Con *La familia de Pascual Duarte,* elevó Cela a una categoría literaria en prosa un mundo que solía andar perdido en la poesía
popular; y de este modo hizo en la novela algo parecido a lo que
había llevado a cabo en la poesía el argentino José Hernández...»
[«Camilo José Cela», *La familia de Pascual Duarte* (Nueva York:
Las Américas Publishing Co., 1965), p. 130].

su fondo como en su forma, en vez de agradar con elementos estéticamente floridos y barrocos [13].

Tanto se han discutido la metáfora y el símil desde la época de Aristóteles hasta el presente que resultan en general más confundidos que aclarados. Ante la enorme cantidad de opiniones, puntos de vista e ideas, a veces tercamente expuestas, será mejor que nos ajustemos a una definición bastante sencilla y que abrace el mayor número de posibilidades, tanto según la forma como según el contenido, aunque el presente estudio tiene mucho más que ver con éste que con aquélla. Por consiguiente, digamos que el símil es esencialmente una comparación explícita en la que un algo literal se percibe de acuerdo con los términos definidores sacados de otra esfera de la cual, en rigor, se distingue mucho más que se le ase-

---

[13] Sara Suárez Solís ha realizado un estudio comprensivo sobre la producción celiana (*El léxico de Camilo José Cela*). Su investigación consiste principalmente en una extensa compilación de categorías léxicas —y un buen número de ejemplos en el caso de cada categoría— derivadas de las obras celianas escritas entre 1942 (*La familia de Pascual Duarte*) y 1967 (*Viaje a USA*). El estudio es ambicioso y muy valioso, sobre todo en su aporte panorámico y comprensivo de las técnicas y estrategias léxicas empleadas y desarrolladas por Cela. Además, puede resultar muy útil como base de un estudio morfológico de las obras más recientes de Cela, pues el estilo de nuestro autor no ha cambiado marcadamente en las últimas dos décadas, sino que ha sufrido una intensificación de estas mismas tendencias evidentes en sus primeras obras. Nuestra estudio se distingue del de Sara Suárez en dos aspectos fundamentales: es un sondeo más detallado de una sola obra celiana, e intenta explicar e interpretar el mismo significado de los sucesos y las condiciones de esa primera novela según las varias técnicas estilísticas utilizadas, las cuales colectivamente pueden llamarse la imaginería. Aún así, el capítulo del estudio de Suárez, titulado «Las comparaciones» (pp. 299-337), merece una atención especial.

meja. Se suele emplear «como», «igual que», u otra expresión por el estilo como el nexo entre las dos partes del símil, si bien el hacerlo así no es absolutamente forzoso. Lo verdaderamente imprescindible es que tanto el sentido literal como el figurado estén presentes.

La metáfora, a diferencia del símil, enfoca más el elemento figurado y sólo sugiere el literal; y por eso llega a considerarse muchas veces como un símil condensado. Es decir, que aunque la comparación queda registrada tácitamente en el pensamiento, los elementos literal y figurado no se distinguen uno del otro en la expresión. El sentido figurado puede ser el único mencionado; verbigracia: [los ojos] las estrellas lucientes. Esta clara substitución se suele clasificar como metáfora pura. Por otra parte, puede ser que los dos planos, el «real» y el «irreal», efectivamente se identifiquen uno con otro en la expresión para producir lo que se califica de metáfora impura: sus ojos eran estrellas lucientes. En resumidas cuentas, tanto el símil como la metáfora implican una comparación entre dos categorías distintas, pero el símil logra mantenerla explícitamente también. En realidad, ésta no es la única distinción entre los dos tropos, pero basta por lo pronto. Todo esto se examina muchas veces y más detenidamente a continuación. A fin de alcanzar mayor claridad, reservamos los términos de símil y metáfora para señalar el conjunto de los dos componentes del sistema analógico, y tomamos prestada la terminología de I. A. Richards [14] para facilitar la identificación de cada uno. Es decir, al elemento literal lo

[14] *The Philosophy of Rhetoric* (New York: Oxford Univ. Press, 1950), p. 118.

llamamos «tenor», y al elemento figurado, «vehículo».
Pues bien, tenor y vehículo no se excluyen del todo
mutuamente, como acabamos de indicar. La inesperada
unión de dos esferas distintas estriba necesariamente en
una base común que comparten las dos, una base que,
según la explica Richards [15], puede ser una característica tangible o hasta una cualidad emotiva que, por una
razón u otra, se atribuye igualmente a ambos componentes. Sin embargo, si bien es imprescindible esta base
común para la formación de un tropo, la eficacia de éste
depende de igual modo, si no más, de la multitud de
diferencias que sigue siendo parte de la analogía. En el
ejemplo empleado en el párrafo anterior, la cualidad de
lucidez sirve de base para comparar los ojos y las estrellas. Pero, a pesar de esto, los ojos todavía no comparten bastantes características para ser clasificados literalmente como estrellas, y son efectivamente estas diferencias categóricas, esta disparidad, lo que llama y sostiene
el interés. A fuerza de la misma presencia de ésta y una
cierta tensión que mantiene en la mente del lector, se
evita que la analogía se reduzca a una mera comparación
gramatical. Así, tanto los puntos de contacto como las
claras diferencias entre tenor y vehículo figuran inevitable y necesariamente en la realización de un tropo.

Acaso todas estas ideas en torno a la metáfora y el
símil no tendrían mucha importancia para nuestros pro-
pósitos si no fuera por una consideración significativa
y esencial. Una analogía del tipo que venimos descri-
biendo no es simplemente un diestro juego de palabras;
es el resultado de una nueva percepción por parte de su

---

[15] *Ibíd.,* p. 118.

creador, la cual se nos transmite mediante esas palabras
juntadas de una manera imprevista y sorprendente. La
interacción entre tenor y vehículo logra efectuar una
transferencia mutua que acaba por colocar los planos
literal y figurado en un plano nuevo, en un «lugar sen-
timental» [16], y, por lo tanto, tal compenetración produce
casi siempre una significación que es bien distinta y mucho más variada que la de cualquiera de los dos. En esto
consiste la comunicación de una percepción, la comunicación de una imagen [17].

Este último término, un poco peligroso por motivo
de las varias interpretaciones que ha sufrido, acaso parezca demasiado excluyente a primera vista. Sin embargo, es preciso tener en cuenta que una imagen no es ni
debe ser considerada como puramente visual. Hay, además de éstas, imágenes auditivas, olfatorias, imágenes
del gusto, del tacto y aun imágenes psicológicas donde
una experiencia emocional o intelectual se compara con
otra experiencia igualmente emocional o intelectual. Así,
la imagen abraza sensaciones de todos los sentidos y a
veces hasta resulta en una combinación de éstos. La conveniencia del término se ve en el hecho de que abarca

---

[16] José Ortega y Gasset, «Ensayo de estética a manera de prólogo», *La deshumanización del arte y otros ensayos estéticos* (Madrid:
Revista de Occidente, S. A., 1967), p. 166.

[17] Acaso aludiera Cela a esto al referirse a su primera novela:
«Yo creo que gran parte de la expectación que produjo fue debida
a que llamaba a las cosas por sus nombres. Cuando un ambiente
está oliendo a algo, lo que hay que hacer, para que se fijen en uno,
no es tratar de oler a lo mismo sólo que más fuerte, sino, simplemente, tratar de cambiar el olor». [*Obras Completas de Camilo
José Cela,* tomo 1 (Barcelona: Ediciones Destino, 1962), pp. 574-575].

tanto la metáfora como el símil, además de subrayar el contenido de éstos en vez de su mera clasificación.

Hay, claro está, comparaciones que no producen una imagen, pero éstas son del tipo literal que, de todos modos, no figuran aquí. Además, existe otro grupo de comparaciones que han dejado de producir una imagen por estar ya lexicalizadas o, como quien dice, muertas a causa del uso generalizado. No cabe duda de que su sentido figurado tuvo una vez la fuerza de una percepción completamente original, pero el tiempo y la popularidad de la expresión han logrado borrarla. Por eso, un autor empeñado en enriquecer su estilo y comunicar más eficazmente sus ideas, y así dejar una huella en el lector, tiene que contar con la originalidad de sus tropos y las imágenes imprevistas que ellos producen.

Los hallazgos resultantes del estudio de una novela a través de su imaginería pueden ser numerosos. Junto con el placer estético que se saca al dar en la clave de una comparación figurada, se facilita el descubrimiento de los valores, las actitudes y las emociones que figuran y que se revelan de una manera implícita en el uso de tal o cual imagen. Una vez descubierto este mundo subjetivo, los hechos literalmente dados alcanzan nuevos significados que, a su vez, ayudan al entendimiento de toda la obra.

Este entendimiento es lo que buscamos en *La familia de Pascual Duarte,* y para alcanzarlo, para profundizarlo, seguimos el curso aquí trazado. Enfocamos las imágenes más significativas y de mayor empleo para averiguar el papel que desempeñan en el relato y para determinar cuáles son esas actitudes, emociones y otras cualidades intangibles que se hacen sentir a través de la compenetración de los planos «real» e «irreal». Examinamos los varios tipos de elementos figurados que se utilizan en la formación de la base de las imágenes, ya que en esto reside la sutil pero verdadera perspectiva, tanto del narrador como del autor sobre el mundo objetivo. Luego tratamos de una variedad de otras imágenes que, si bien no se muestran tan fácil ni frecuentemente, arrojan todavía más luz sobre el mundo de Pascual Duarte a medida que adelantan, refinan, o aun contradicen los datos recogidos a través de las imágenes principales. Puesto que el mismo Pascual, como narrador y protagonista, asume una posición única en importancia, nos dedicamos asimismo a indagar su persona para mejor comprender el retrato que tiene de sí mismo y el que ofrece al lector, prestando particular atención a las imágenes que ayudan a clarificar, o a veces a confundir, su personalidad enigmática.

No cabe duda de que Pascual y su mundo han sido un enigma inquietante para los críticos empeñados una y otra vez en descifrar la novela. Debido a la ambigüedad inherente a ella —y a la actitud propia de cada lector—, los frutos de tales investigaciones han sido diversos y frecuentemente contradictorios. Pascual Duarte ha sido clasificado a su vez como un hombre malo, un hombre bueno; un asesino, una víctima; un acusador, un acusado; una hiena, un manso cordero. Tales denominaciones reflejan casi vertiginosamente la confusa y mútiple realidad pascualiana, capaz de inspirar, y en realidad de exigir, toda una gama de reacciones e interpretaciones. Gregorio Marañón, por ejemplo, asevera que

«la tremenda historia de Pascual Duarte... es tan radicalmente humana que no pierde un solo instante el ritmo
y la armonía de la verdad; y la verdad jamás es monstruosa ni inmoral...» [18]. Por otra parte, Juan Luis Alborg, un crítico que ha escrito muy en contra del autor
y de esta primera novela suya, declara que «el *Pascual
Duarte* es una narración esquemática, enteramente confiada a los efectos de las situaciones y a los trallazos y
recursos de expresión, mas no a la consistencia psicológica ni a la verdad humana de sus personajes» [19]. Dadas tales conclusiones tan claramente opuestas, no nos
sorprende que la obra sea considerada ya como una
«nada entre dos platos» [20], ya como «una gran novela,
quizá la gran novela española después de la Guerra Civil» [21]. Teniendo muy en cuenta todas las interpretaciones y diversos puntos de vista propuestos en torno al
relato, Arturo Torres-Ríoseco concluye resignadamente:
«*Pascual Duarte* es una novela que no debería ser analizada. Hay que aceptarla como es. Puede leerse, por su
rapidísima acción y por su desfachatez, como una novela
detectivesca; o puede considerársela como la novela trágica del destino humano, o aún puede ser vista como
una parodia de novela en la cual todo o cualquier cosa
puede suceder» [22]. Aunque no somos completamente de

---

[18] «Prólogo», *La familia de Pascual Duarte* (Buenos Aires: Espasa-Calpe Argentina, S. A., 1955), p. 26.

[19] *Hora actual de la novela española* (Madrid: Taurus, 1958),
p. 84.

[20] *Ibíd.*, p. 83.

[21] ALONSO ZAMORA VICENTE, *Camilo José Cela: acercamiento a
un escritor* (Madrid: Editorial Gredos, 1962), p. 50.

[22] «Camilo José Cela, primer novelista español contemporáneo»,
Revista Hispánica Moderna, XXVIII (1962), pp. 166-167.

su parecer, comprendemos muy bien la indecisión que dio origen a esta afirmación.

Pascual Duarte es parte de un mundo bastante complejo que rebosa violencia sin excluir la paz y la ternura, un mundo que ofrece la desgracia pero que no niega momentos de alegría, un mundo que se ahoga en lo grotesco [23], pero que se levanta de vez en cuando para tocar lo sublime. Siendo así, en vez de encasillar a Pascual [24], más ventajoso sería analizar su mundo y su persona para mejor entender las fuerzas, a veces contradictorias, que existen, y los nexos que las unen.

Quizá la cuestión que más perturba a los críticos sea la de juzgar la inocencia o la culpabilidad del protagonista. En realidad, hay suficiente materia dentro de la novela para que se pueda defender cabalmente ambos juicios. Además, el lector no puede menos de acabar por pensar en este punto, ya que se halla trastornado entre reacciones ambivalentes que provienen directamente de la fuertemente expresiva pero ambigua presentación de los sucesos novelescos. Sin embargo, Paul Ilie nos pone sobre aviso con respecto a esta cuestión al declarar: «La novela no intenta buscar fines o comprender porqués, sino considerar la existencia en sí misma. Por

---

[23] Ricardo Gullón, entre otros, ha advertido la predilección española por lo monstruoso y la inclinación innata por la deformación, características que tocan lo teratológico y que, a su modo de ver, definen la violencia de esta novela. [«The Modern Spanish Novel», *Texas Quarterly*, IV, núm. 1 (primavera de 1961), p. 91].

[24] «... el *Pascual Duarte* la primera novela antiheroica, protagonizada por un antihéroe». [JOSÉ CORRALES EGEA, *La novela española actual* (Madrid: EDICUSA, 1971), p. 34]. Aunque cierto, el comentario no sugiere la riqueza de perspectivas y consideraciones inherentes en la obra y en su protagonista.

esta razón la obra excluye las consideraciones axiológicas. Las soluciones de Pascual a culpa y pecado son explicaciones equivocadas de algo que Cela no pretende explicar. La novela es un tratamiento ontológico, y no ético, de la vida» [25]. El presente estudio de la imaginería promete aclarar esta existencia, y precisamente en su sentido ontológico, además de alcanzar mayor comprensión de los aspectos tangibles e intangibles que se reúnen en el contexto de la novela. Mas, dado que lo ético es una consideración que, de todos modos, figura inevitablemente en nuestras reacciones, lo estudiamos igualmente para descubrir sus raíces en la novela, y éstas, a su vez, son analizadas según contribuyan a nuestros sentimientos tanto en pro como en contra del protagonista. Si bien el autor Cela no nos indica a las claras su propia opinión en cuanto a la inocencia-culpabilidad de Pascual Duarte, no podemos creer que no se ocupe en absoluto de ello. Más bien, sostenemos que Cela, de hecho, reserva cierta actitud y que la deja lucir implícitamente a través de la novela.

El peligro de esta indagación a través de la imaginería es evidente. Hay la tendencia, a veces muy fuerte, de analizar las imágenes desde un punto de vista puramente mecánico, y luego acumularlas y clasificarlas según tal o cual sistema categórico, cosa que, en realidad, tiene muy poco que ver con la obra misma o una posible interpretación de ella. Al reconocer el riesgo que con ello se corre, nos hemos puesto sobre aviso para reducir esta tendencia, si no eliminarla por completo. Además,

[25] *La novelística de Camilo José Cela* (Madrid: Editorial Gredos, 1963), p. 76.

dado el hecho de que no queremos ni encasillar a Cela ni disecarle rigurosamente —esto sería, sin duda, una empresa inútil— nos esforzamos en utilizar lo que descubrimos a lo largo del estudio para los fines más apropiados y más justificables que ya quedan manifiestos. Puesto que *La familia de Pascual Duarte* nos ofrece una abundancia de materia prima, confiamos en que esta indagación conduzca a hallazgos apreciables.

Capítulo I

LAS IMÁGENES DE MAYOR SIGNIFICACIÓN

«Pascual Duarte... no habló sino una vez en su vida y con las palabras —buenas o malas, que no hay otras—...»[1]. Y así es que todo lo que se puede averiguar de este personaje y de su mundo queda ya dentro de los confines de unas cuantas cuartillas que forman en sí la novela de su vida; la única vida que hay de Pascual Duarte. Y más aún, puesto que Pascual no es sólo protagonista, sino también autor y, en realidad, narrador único de casi toda su existencia, la visión que nos presenta de lo que acontece es completamente suya; no hay otra[2]. Su modo particular de ver las cosas puede

---

[1] Camilo José Cela, «Palabras ocasionales», *La obra completa de Camilo José Cela* (Barcelona: Ediciones Destino, 1962), p. 581.

[2] Las dos notas del transcriptor, incluso las cartas adjuntas en la segunda, sirven para encuadrar el relato y poner en orden los pormenores, digamos, biográficos y técnicos de éste, que tienen inevitablemente que ser tratados, dado este tipo de narración. La muerte del protagonista, por ejemplo, no puede ser relatada por él mismo. Dichas adiciones no pretenden añadir nuevas perspectivas a lo que queda expresado por Pascual mismo; no pueden, pues, amenazar el dominio del narrador ni la exclusividad de su punto de vista. Hasta el confesor Santiago Lurueña, al caracterizar a Pascual, no hace más que precisar su reacción, una de las dos reacciones

resultar a veces desagradable, chocante, o acaso vulgar, pero esto no disminuye de ninguna manera su validez, porque Cela, al haberse mantenido ilusoriamente ausente, le ha concedido a esta criatura la autonomía completa para divulgar su historia exactamente tal como la ve y la entiende.

Claro está que la visión que se saca del relato no es, ni puede ser, dichosa o halagüeña. El hecho de que su autor escribe desde una celda donde espera la ejecución de su sentencia de muerte no puede menos de influir en las observaciones sobre tiempos pasados, no obstante la pretendida objetividad de la perspectiva. Además, puesto que no hay manera de cambiar las realidades violentas del pasado —hasta el primitivo Pascual se da cuenta de esto—, lo único que se puede hacer es presentar estos mismos hechos, por truculentos que sean, pero presentarlos dentro de su contexto, y esperar así ganar el entendimiento y la simpatía del lector[3]. Esto

que nosotros, los lectores, experimentamos igualmente al leer el relato. Un estudio interesante y valioso sobre esta cuestión es el de ROBERT C. SPIRES, «La dinámica tonal de *La familia de Pascual Duarte*», *La novela española de posguerra* (Madrid: Cupsa Editorial, 1978), pp. 24-51; sin embargo, el énfasis que pone sobre los varios autores, redactores y lectores posibles es, a nuestro modo de ver, excesivo y algo rebuscado. Janet Pérez escribe de una manera convincente sobre la necesidad de estructurar de esta manera una novela escrita durante la época de la censura franquista («The Game of the Possible: Francoist Censorship and Techniques of Dissent», *The Review of Contemporary Fiction*, IV, núm. 3 (otoño, 1984), pp. 22-30.

[3] Aunque discrepemos de la opinión de Robert Kirsner respecto a la falta de compunción inherente en esta «confesión», sí reconocemos su acertada observación sobre la integración de Pascual y su medio ambiente. «Pascual existe entretejido con el mundo en torno

llega a ser el resorte que impele a nuestro desgraciado Pascual a seguir registrando su vida cada vez con más urgencia conforme avanza hacia la muerte. Hay también esa necesidad creciente de reafirmar su existencia, su ser, su «yo» al hallarse ante la amenazante posibilidad del anonadamiento, y por eso escoge casi impulsivamente la manera más perdurable de hacerlo, es decir, por escrito. Mas hay otro motivo, al parecer contradictorio, por el que el condenado se dedica a esta empresa literaria: el claro deseo de confesarse.

> Como desgraciadamente no se me oculta que mi recuerdo más ha de tener de maldito que de cosa alguna, y como quiero descargar, en lo que pueda, mi conciencia con esta pública confesión, que no es poca penitencia, es por lo que me he inclinado a relatar algo de lo que me acuerdo de mi vida (p. 51) [4].

Enfocaremos más adelante la ironía de esta actitud, una ironía establecida y desarrollada subrepticiamente por el mismo Cela para prestar cierta cualidad trágica a su pobre criatura. Por ahora, baste notar la existencia de esta postura que explica, a su vez, la sorprendente conformidad que demuestra el desgraciado ante su destino irrevocable.

------

a él; Pascual es su 'yo y sus circunstancias'». [«Camilo José Cela: la conciencia literaria de su sociedad», *Cuadernos Hispanoamericanos,* Homenaje a Camilo José Cela, 113-114, núms. 337-338 (julio-agosto, 1978), p. 54.

[4] Todas las citas de *La familia de Pascual Duarte* son de la edición siguiente: *La obra completa de Camilo José Cela,* tomo I (Barcelona: Ediciones Destino, 1962). A fin de evitar repeticiones innecesarias, en lo adelante sólo se registrará el número de página, y ésta como parte de la cita misma.

El anhelo de exonerarse —algo que se esperaría en tal situación— no resulta tan fuerte en este caso, porque Pascual de veras no sabe a punto fijo si los asesinatos que perpetró fueron, a su modo de ver, delitos o actos de justicia. En efecto, ignora o no sabe interpretar muchas de las fuerzas que operan sobre su persona y, por ende, tampoco puede precisar el porqué de sus reacciones. La visión de su vida, pues, aunque es completa y llena de significado, carece de muchos nexos y, sobre todo, de una recta interpretación que aun el mismo Pascual no puede proporcionar. Por lo tanto, él nos entrega esta visión suya, confusa pero sincera, con la esperanza de que alguien pueda comprenderla e interpretarla, y de este modo poner en orden lo que queda en desarreglo. Sin embargo, no nos deja simplemente con un conjunto de hechos y nuestra propia perspicacia en que confiar. En realidad, los hechos presentados contienen en sí un recóndito intento, o sea, una cierta persuasión implícita que apunta hacia la zona del esclarecimiento, la cual se puede descubrir a través de las profusas imágenes que penetran esta visión de Pascual Duarte.

Un punto de partida

Yo, señor, no soy malo, aunque no me faltarían motivos para serlo. Los mismos cueros tenemos todos los mortales al nacer y sin embargo, cuando vamos creciendo, el destino se complace en variarnos como si fuésemos de cera y en destinarnos por sendas diferentes al mismo fin: la muerte. Hay hombres a quienes se les ordena marchar por el camino de las flores, y hombres a quienes se les manda tirar por el camino de los cardos y de las chumberas. Aquéllos gozan de un mirar sereno y al aroma de su felicidad sonríen con la cara del inocente; estos otros sufren del sol violento de la llanura y arrugan el ceño como las alimañas por defenderse. Hay mucha diferencia entre adornarse las carnes con arrebol y colonia, y hacerlo con tatuajes que después nadie ha de borrar ya (p. 57).

Ya en el primer párrafo del relato propiamente dicho se nota una profusión de imágenes que casi por sí solas logran comunicar ciertas actitudes y evocar ciertas emociones por parte del lector. Esto se debe tanto al valor emotivo del lenguaje figurado en general como a su empleo estudiado y controlado en este caso. Aquí lo metafórico evita que el comentario resulte insípido o machacón; además, proporciona una visión más amplia y de mayor significado que la que se podría sacar de un lenguaje llano, y realiza todo esto de una manera vívida y muy concisa. Dado que este párrafo inicial es muy representativo tanto del estilo como del contenido temático de toda la novela, vale empezar nuestro análisis en este punto.

Al echar una ojeada sobre las significativas palabras ya citadas, se repara en la marcada distinción hecha entre los bienaventurados y los desgraciados. Mas esta clara disparidad entre los dos grupos se apoya en una tendencia unificadora inicial (nacer) y final (la muerte), la cual sirve para prestar cierta cohesión a todo el comentario. Esta diestra mezcla de unidad-diversidad se extiende igualmente a los grupos mismos, ya que, si bien se distinguen éstos uno del otro, también logran mantener sendas unidades dentro del pasaje. Un esquema sirve para demostrar este punto y para subrayar los detalles importantes:

Los dichosos	*Los desgraciados*
1 se les ordena	se les manda
2 marchar	tirar
3 camino de las flores	camino de los cardos
	y de las chumberas
4 gozan	sufren
5 mirar sereno	arrugan el ceño como
	las alimañas
6 aroma de su felicidad	sol violento de la llanura
7 sonríen con la cara del inocente	por defenderse
8 adornarse	hacerlo
9 arrebol y colonia	tatuajes (imborrables)

Mediante este sencillo esquema, se observa inmediatamente el arreglo casi perfecto del contraste, y éste entre dos grupos básicamente metafóricos. Empecemos con un vistazo al primero. Las características de las flores (número 3) que suelen venir a la memoria son el color y el olor, que en la mayoría de los casos señalan la dicha. Se sostiene esta idea a través de una expresión sinestésica (núm. 6) y luego en términos más concretos (número 9) que a pesar de su misma concreción disfrutan de un papel simbólico dentro del contexto. Además, los verbos resultan tranquilos y casi delicados, especialmente al ser contrastados con los del segundo grupo; y el mirar sereno y el sonreír del inocente (núms. 5, 7), indicios los dos de la buena vida, se destacan aún más efectivamente al ser tan contrarios a los gestos abatidos y nefandos que se vislumbran a lo largo de la novela.

Aunque Pascual no nos lo dice a las claras, no cabe la menor duda de que se identifica con los menos afortunados. Las condiciones desagradables de su vida se presentan sumariamente aquí en forma metafórica, esperando una explicación más profunda y detallada conforme desarrolla el relato. En este primer esbozo de su existencia, se advierte que los verbos son dinámicos y violentos; las alusiones a los animales que menos dan gusto son evidentes; la sequedad se destaca en virtud del calor del sol sobre un terreno infecundo; los tatuajes, concreción del estigma de su desgracia, son el único «adorno»; y, por añadidura, surgen a la vista los cardos y las chumberas que representan entre otras cosas el sufrimiento, la hostilidad, la violencia y la esterilidad de esta dura existencia. Otro rasgo digno de atención en esta exposición es el empleo de la expresión «hacerlo» en vez de una repetición del verbo «adornarse» válido para ambos grupos. Esta técnica estilística cae muy bien dentro de la tendencia unidad-diversidad que estructura todo el párrafo, ya que, si bien tal substitución no ofrece ningún contraste a su antecedente, sí logra establecer cierta ambigüedad que, a su vez, sostiene la distinción entre «arrebol y colonia» y «tatuajes». Mas, al mismo tiempo, la semejanza relativa al contexto de las dos formas verbales hace que aquellas cosas tan distintas se consideren igualmente como «adornos», y, en consecuencia, los «tatuajes» adquieren cierta connotación irónica.

Todo este párrafo resulta muy vívido mediante el lenguaje expresivo que se emplea, y a lo largo de la novela, Pascual recurre frecuentemente a estas mismas técnicas y a otras igualmente eficaces para intensificar

nuestras reacciones de horror y posible compasión ante
tal miseria. Las principales imágenes que quedan deno-
tadas en este primer comentario suyo son de los mismos
tipos que penetran toda la narración, y para mejor entender y apreciar el efecto total, vale analizar el papel
que desempeña cada clase de ellas.

La imagen del camino

El camino en sí es una imagen de poca originalidad o
complejidad, pero enteramente adecuada para proporcionar al relato un grado de cohesión e integridad de sentido. Su tratamiento sostenido en el primer párrafo es
el más vívido y el más inclusivo de toda la obra, pero
esto no disminuye en modo alguno la eficacia de su uti-
lización en otras partes. El camino, la senda, u otra palabra de igual significado, se evoca de vez en cuando a
lo largo de la narración para concretar la idea total de
lo que se experimenta en la vida, sea ésta un estado di-
choso u opresivo. Como es de suponer, en lo tocante a
Pascual casi siempre se refiere a lo desagradable. Así,
al leer «la vida en mi casa discurría por las mismas sendas de siempre» (p. 82), se registra de pronto toda la
vileza de su existencia sin que ni una sola palabra «fea»
sea expresada. Esta imagen resulta más poética y, desde
luego, más emocional al sostenerse:

> ¡Quién sabe si no sería... que la desgracia había de ser
> mi único camino, la única senda por la que mis tristes
> días habían de discurrir! (p. 131).

Pero este estado desventurado gana en patetismo al ser
contrastado con «la dicha de los que nacen para la senda

fácil» (p. 132). En el ejemplo siguiente se notará que el sentido literal va muy bien con el contexto, pero cuánto más significativo no resulta cuando se percata uno de los matices metafóricos que penetran la expresión —el sendero representa la dichosa vida de los afortunados:

> Por el sendero —¡qué bien se veían desde mi ventana!— cruzaban unas personas. ... parecían contentos andando por el sendero (p. 98).

Este mismo vehículo sufre una leve mutación al ser empleado eufemísticamente por la muerte de Mario —«Bien sabe Dios que acertó con el camino...» (p. 85)—, pero también demuestra por contraste que aun este destino es preferible al que sufre Pascual. La vida de éste es un camino ineludible escogido de antemano para él, sobre el cual tiene por fuerza que marchar hasta llegar al fin, la muerte. Al relatarnos su vida, pisa de nuevo sobre este camino, pero el fin está todavía por alcanzar.

LA IMAGEN DEL ENGRANDECIMIENTO

En realidad, el tratamiento en el primer párrafo de los que llevan buena suerte es el más amplio de toda la novela, lo cual indica ya de por sí el enfoque de ésta. Hay naturalmente unos ejemplos de ennoblecimiento dentro de este mundo desgraciado, pero, de hecho, aparecen muy de vez en cuando. A causa de su misma escasez, merecen nuestra atención para determinar el justo papel que desempeñan en el relato. Se notará, por ejemplo, que este empeño de ennoblecer es señaladamente el caso en lo tocante a la Lola:

... tan gallarda y tan poseída de su papel, que mismamente parecía una reina (p. 108).

... jineta sobre la hermosa yegua, espigada y orgullosa como una infanta (p. 115).

... hermosa como pocas, con un hijo en el brazo como una Santa María (p. 126).

El engrandecimiento de una mujer que de hecho pertenece al mismo rango que Pascual dura poco, pero en todo caso demuestra el aprecio que tiene éste por los que se suelen tomar por estimables. Los valores de Pascual, pues, no sufren cambios, sino sirven, al fin y al cabo, para intensificar su disgusto ante la propia realidad. Especialmente digna de atención es la imagen de la maternidad que se ofrece en el último ejemplo. He aquí una de las cosas nobles que más tocan el corazón de nuestro desgraciado —algo muy comprensible, dado el poco cariño que le dio su propia madre— y, por esta razón, merece compararse con el exaltado mundo espiritual que abunda en la bondad y la perfección. La Esperanza, segunda mujer de Pascual, participa también de esta exaltación, pero con menos frecuencia, y por lo general se la compara con algún aspecto de la naturaleza: «Se volvió radiante de repente como un amanecer» (p. 185). La grandeza de un amanecer y las sensaciones que se experimentan al verlo logran transformar y ennoblecer brevemente la mirada de esta mujer. Además, la idea del nuevo comienzo que es parte de cada amanecer alude, de una manera poética, a la nueva etapa en la vida de Esperanza y Pascual, puesto que los dos acaban de decidir casarse.

Pero si bien Pascual tiene a veces que ennoblecer a los que le rodean para añadir cierto atractivo y cierta esperanza a su dura existencia, también se ve obligado a ennoblecerse a sí mismo para saborear, siquiera un poco, la felicidad y el bienestar que los otros, los dichosos, experimentan casi sin percatarse de ello. Sin embargo, para escapar de las trabas que le ligan a la desgracia, el pobre no puede más que contar con la imaginación, con la vida ilusoria. Como es de suponer, este recurso ocasiona la transformación no sólo de Pascual, sino también del ambiente:

> ... el tren que me había de devolver... a mi casa que resplandecía al sol como una joya... a mi madre que en tres años a lo mejor Dios había querido suavizar, a mi hermana, a mi querida hermana, a mi santa hermana, que saltaría de gozo al verme (pp. 171-172).

> Nadie, absolutamente nadie... sabía que yo llegaba, y sin embargo —no sé por qué rara manía de las ideas— momento llegó a haber en que imaginaba el andén lleno de gentes jubilosas que me recibían con los brazos al aire, agitando pañuelos, voceando mi nombre a los cuatro puntos (p. 175).

Claro que no había nadie en la estación, y cuando llegó a casa, era de noche, la madre parecía una bruja, y la «santa» hermana ni estaba allí, sino otra vez en Almendralejo. Así, los ensueños de Pascual se disuelven ante la dura realidad y su propio engrandecimiento resulta ser nada más que una vana ilusión de su propia hechura que servía engañosamente para ennoblecer una vida desgraciada. La declaración en lo tocante al cementerio resume muy bien su reacción al chocar con la realidad: «¡Parecía como si la Providencia se complaciera en ponérmelo delante, en hacerlo de propósito para forzarme

a caer en la meditación de lo poco que somos!» (p. 176).
A veces la naturaleza sufre cambios que se corresponden con las ilusiones de plena vida y el subsiguiente desencanto de Pascual. Este es notablemente el caso cuando sale de la cárcel:

> ... cuando estaba preso, me lo [el campo] imaginaba... verde y lozano como las praderas, fértil y hermoso como los campos de trigo, con los campesinos dedicados afanosamente a su labor, trabajando alegres de sol a sol, cantando, con la bota de vino a la vera y la cabeza vacía de malas ocurrencias, para encontrarlo a la salida yermo y agostado como los cementerios, *deshabitado y solo como una ermita lugareña al siguiente día de la patrona...* (p. 171).

El pasaje en sí puede considerarse una proyección del estado de ánimo del narrador, quien utiliza el campo para concretar y hacer más específica toda la idea tanto de la vida rica y productiva que anhela, como de la existencia aislada y estéril que le es dado experimentar[5]. Las comparaciones y los símiles son particularmente notables, ya que recalcan vívidamente la fertilidad del campo imaginario y, por otra parte, la total desolación del campo real. El último símil (el énfasis es nuestro) es el más acertado de todos ellos, pero es preciso notar que su eficacia depende en gran parte del apoyo que le presta todo el pasaje, tanto contextual como estilísticamente. Efectivamente, parece que todo lo que precede

---

[5] Se desarrolla una interpretación muy interesante de la celda como metáfora de encerramiento, y la casa, la familia y la vida misma como otras manifestaciones del mismo concepto metafórico en JOHN W. KRONIK, «Pascual's Parole», *The Review of Contemporary Fiction*, IV, núm. 3 (otoño, 1984), pp. 110-119.

a este símil se utiliza para magnificar el efecto de la última declaración. Se nota, por ejemplo, que el campo imaginario se describe por medio de dos comparaciones que, si bien sugieren algo más que lo puramente literal (la vida fructuosa), todavía no pueden considerarse como categoría aparte. En cambio, la descripción del campo real resulta ser más metafórica ya que las comparaciones utilizadas están basadas en una reacción emocional, en una actitud subjetiva que Pascual atribuye igualmente al campo tal como es y a los cementerios, o a lo que es todavía más subjetivo, «una ermita lugareña al siguiente día de la patrona». Hay una progresión, pues, desde lo bastante literal hacia lo más figurado, la cual culmina en el penetrante símil que comunica tan fuertemente el estado de abandono de este pobre desilusionado.

La estructura del pasaje contribuye también a la fuerza de este tropo final, puesto que, al leer el párrafo, uno se acostumbra al ritmo establecido por la repetida doble adjetivación seguida por una comparación sencilla (verde y lozano como las praderas, etc.). Pero este ritmo se rompe al final cuando el vehículo del último símil se alarga un poco, causando por fuerza una lectura más lenta que, a su vez, logra acentuar la sensación final. Así, lo que se pone de relieve no es lo engrandecido en sí, sino la constante desgracia hecha más espantosa mediante su contraste con la vida ennoblecida. Las ilusiones de Pascual, aunque sean necesarias, parecen nacer sólo para que su choque subsiguiente contra la realidad sea todavía más tremendo, y allí se queda, aplastado contra el camino «de los cardos y de las chumberas» del que nos relata su triste historia.

La deshumanización del hombre:
La imagen del animal

> «... *estos otros sufren del sol vio-*
> *lento de la llanura y arrugan el ceño*
> *como las alimañas por defenderse».*
>
> Pascual Duarte.

Hay claramente dos impresiones que Pascual espera estampar en el lector mediante su relato: la desdicha de
su condición de víctima y la perversidad del mundo hos-
til que le rodea. El mundo animal se presta muy fácilmente a este respecto y, como es de suponer, las imágenes sacadas de esta categoría abundan en la novela.
Muy raras veces se añaden simplemente para describir
algo más sucinta y claramente, aunque lo hacen también.
En la mayoría de los casos, estas imágenes resultan im-
prescindibles por las emociones de lástima y horror que
despiertan en el lector. Esto se debe a muchos factores.
En primer lugar, un animal en sí, aunque sea considere-
rado de una manera positiva, se distingue del ser humano a fuerza de ciertas características. Por más que
nos gustara pensar de otro modo, un animal actúa por
mero instinto y representa un nivel de desarrollo, tanto
físico como intelectual, marcadamente inferior al del
hombre. Además, su vida consiste principalmente en los
menesteres que aseguran su supervivencia, mientras que
el hombre puede, en muchos casos, dominar estas exigencias implacables y dedicarse a otros esfuerzos. Con
todo, hay bastantes semejanzas primordiales para que
se pueda percibir un nexo o un punto de contacto entre
los dos y, al mismo tiempo, bastantes diferencias para

que tal comparación resulte chocante y generalmente degradante.

Según Weller Embler [6], el hombre moderno tiende a exaltarse como el ser escogido y dotado de dignidad e individualidad a fuerza de su carácter y sus habilidades intelectivas. Su gloria parte del concepto de «el hombre» que se puso de relieve durante el Renacimiento. Sin embargo, hay el temor de que todo esto sea un ideal ilusorio y que el hombre acaso no sea muy distinto de sus vecinos primitivos. Puesto que, como veremos, Pascual hace uso tan a menudo de la imaginería animal, podemos concluir que ya lo ha decidido por sí mismo y que su intención es comunicarnos sus hallazgos. Para demostrar la falta de una vida, digamos, espiritual, opta por la concreción de lo físico, y esto mediante numerosos rasgos de lo animal.

En realidad, hay pocos animales que puedan considerarse en sí buenos o malos. En la mayoría de los casos, todo depende del contexto en que se desenvuelvan. Tienen ciertamente tendencias positivas o negativas, pero su efecto puede controlarse en mayor o menor grado, y a veces hasta cambiarse completamente por las condiciones de un ambiente dado. Pascual no tiene que preocuparse demasiado a este respecto porque escoge en muchos casos los animales que tienden a evocar la fealdad, la violencia, en fin, lo negativo, especialmente cuando se hallan dentro de un medio fuertemente negativo. La estructura de tales imágenes suele ser un símil sencillo, lo cual va muy bien con un hombre que se supone poco

---

[6] *Metaphor and Meaning* (Florida: Everett/Edwards, Inc., 1966), p. 66.

instruido. Aun sus agudas percepciones de las varias características de los animales —algo que a menudo señala la originalidad de una imagen— pueden explicarse
por el hecho de que Pascual es un campesino y, por lo
tanto, es muy natural que observe ampliamente las cos-
tumbres de los animales de la comarca.

Mario, el hermano menor de Pascual, es un sujeto
que se presta muy bien a tales imágenes por haber na-
cido tonto:

> ... el pobre no pasó de arrastrarse por el suelo como si
> fuese una culebra y de hacer unos ruiditos con la gargan-
> ta y con la nariz como si fuese una rata... (p. 85).

Aquí la semejanza es explícita. Tanto la culebra como
la rata son animales del suelo, una característica en sí
simbólica de la bajeza. (Lo contrario serían los pájaros,
que vuelan por el aire, lo cual simboliza los conceptos
más elevados). En cada ejemplo una cosa específica representa el punto de contacto entre las dos esferas: el
movimiento (arrastrarse) de una culebra y del pobre, y
los ruidos hechos por éste y por una rata. Como apunta
Paul Ilie, la palabra *culebra* «evoca asociaciones desagradables en la mayoría de las personas» [7], y así sucede en
este caso por no ser suavizado el efecto del sustantivo
por medio de algún calificativo agradable. Mas la fealdad de esta sensación visual estriba no sólo en la comparación de hombre y animal hecha patente por el común
movimiento de los dos, sino también en algo mucho más
profundo psicológicamente. Cada cosa tiene su sitio, y
de este modo se la percibe dentro de un sistema orde-

---

[7] *La novelística de C. J. C.*, p. 59.

nado del universo. Lo feo se evoca cuando tal cosa se halla fuera de lugar, creando así una incongruencia que nos afecta adversamente. Los ojos de una mujer, por ejemplo, suelen ser uno de sus atributos más admirables; pero los mismos ojos sacados de las cuencas nos resultan decididamente repugnantes. En lo citado del texto, la fealdad se registra en virtud de los movimientos análogos de Mario y la culebra, pero también en gran parte debido al que el hombre no debe ser así, no debe arrastrarse por el suelo. Esta incongruencia está presente en casi todas las imágenes deshumanizadoras y desempeña un papel importantísimo en el efecto que logran éstas.

En el segundo símil del texto citado, se nota la presencia de esta misma cualidad incongruente: el hombre no debe ser como una rata. La rata en sí significa mucha fealdad y en realidad no necesita respaldo de otras palabras para mantener este estigma. Sin embargo, a pesar de la supuesta semejanza del ruido entre hombre y animal (la base del símil), la imagen auditiva dista mucho de realizar el efecto sugerido debido a la fuerza de la estampa visual que produce la rata automáticamente en diversos contextos y, desde luego, también en este pasaje. Siendo así, en vez de oír los ruidos del animal por boca de Mario, se saca más prontamente una imagen visual del pobre como rata. Aunque el símil en sí deje algo que desear desde el punto de vista de lo que se pretende comparar, la imagen visual que surge de él resulta muy eficaz, y en adelante el narrador ni siquiera tiene que mencionar un animal para evocar la misma sensación. En efecto, continúa la descripción de Mario pero en términos que no pueden menos de sostener el concepto

de lo animal, cualquier animal en tanto que sea vil y
degradante. En realidad, resulta que el horror que sentimos ante tal descripción tiene sus raíces en la validez
de las analogías. Mario se hace efectivamente más animal
que humano mediante estas imágenes:

> ... tardó año y medio en echar el primer hueso de la bo-
> ca... (p. 85).

> Pasó algún tiempo... echadito al sol... en el corral o en
> la puerta de la calle... (p. 86).

> ... se pasaba los meses tirado por los suelos, comiendo
> lo que le echaban... (p. 86).

A pesar de la fealdad registrada en estas líneas, Pascual
compara más adelante a su desgraciado hermano con un
chico que, al parecer, representa todo lo opuesto de
Mario:

> Iba descalzo, triscando como las cabras alrededor de las
> matas... Trotaba unos pasitos adelante... (p. 98).

La imagen en este ejemplo resulta mucho más feliz debido tanto al sostenido movimiento subrayado de las
cabras como a la visión prometedora que se saca de la
juventud juguetona. Mas, para entender el nexo entre
Mario y este chico, tenemos que recurrir a los sentimientos de Pascual. No obstante su evidente asco ante la figura del hermano que él mismo ayudó a deshumanizar,
Pascual siente cariño por él y a veces puede pasar por
alto lo feo de la realidad para dar entrada a la simpatía
y la ternura. Esto demuestra, además, que si hay vileza
en la vida, y sí la hay, no es de su propia hechura; las
fuerzas le son ajenas y Pascual no puede menos de simpatizar con una criatura que sufre como sufre él.

La mayoría de las imágenes en las que figuran los animales son de una sencillez y una concreción elemental, lo cual no disminuye en modo alguno su eficacia. Se apoyan, por lo general, en una o dos características bien evidentes que conducen fácilmente a una nueva percepción.

[Rosario] ... tenía una pelusa rala por la cabeza, como la de los estorninos, o la de los pichones en el nido... (p. 73).

[Mario] Estaba en la misma postura que una lechuza ladrona a quien hubiera cogido un viento; volcado sobre el borde de la tinaja, con la nariz apoyada sobre el barro del fondo (p. 89).

[La señora Engracia] ... hablaba con la «s», como la lechuza del ciprés; a lo mejor tenía hasta la misma cara (p. 120).

Se notará que, en el primer ejemplo, el vehículo sirve notablemente para explicar una característica específica del aspecto de Rosario, la cual no resultaría del todo clara sin su ayuda. Tiene, pues, un propósito fundamentalmente descriptivo. En lo tocante a Mario, el valor emotivo es mayor, puesto que se percibe no sólo la figura de la lechuza —una cabeza más grande que el cuerpo, lo cual facilita su vuelco—, sino también un matiz de lo criminal concretado en el adjetivo «ladrona», que naturalmente se refleja sobre Mario también. El viento sugiere alguna fuerza oscura que actúa intencionadamente para producir la tragedia, y resulta que toda la imagen transmite la idea del hombre desvalido y patético que no puede controlar su propia existencia, sino que queda siempre sujeto a un algo más poderoso.

Claro que la idea de la víctima sólo se insinúa aquí («a quien hubiera cogido un viento»), pero esta semejanza simplemente imaginada ayuda a echar los cimientos de todo el concepto del hombre desvalido que va desarrollándose a través de la novela, concepto que se estudia aparte. La lechuza se emplea una vez más en el tercer ejemplo, el cual acaso parezca a primera vista un poco trivial e insípido. Sin embargo, el valor de la imagen no estriba tanto en la sensación visual que se evoca, sino en la anticipación ominosa que se efectúa debido al valor simbólico de la lechuza dentro del folclore tradicional y también dentro del texto (p. 119). Este pájaro nocturno es un mensajero de mal agüero, y resulta particularmente apto aquí, puesto que Pascual ha de saber pronto que su mujer acaba de abortar.

A veces ocurre que el lector participa más en la formación de imágenes que el mismo autor:

> Mi madre, que la muy desgraciada debió ser la alcahueta de todo lo pasado, andaba como huida y no se presentaba ante mi vista. ¡Hiere mucho el calor de la verdad! (p. 159).

No hay ningún animal presentado aquí explícitamente, mas ¿no podría sugerir la imagen un perro que, al hacer algún estropicio, corre con la cola entre las patas para esconderse? El percibirlo así estaría apoyado en el hecho de que un perro huido se menciona varias veces durante el relato. Con lo cual no pretendemos mantener que todo lector tenga la misma sensación; todo es según el modo de asociar de cada individuo. Por esta razón, a la percepción sacada aquí la llamaríamos una imagen arbitraria que bien puede contribuir a la visión animal y deshumanizada del hombre para el que así la percibe en la narración.

Una de las imágenes más sencillas de este tipo, pero al mismo tiempo de las más chocantes, es la siguiente:

[Al ir a acuchillar a Zacarías] Yo abrí la navaja con parsimonia; en esos momentos una precipitación, un fallo, puede sernos de unas consecuencias funestas (p. 117).

[Al ir a matar la yegua] ... yo abrí la navaja con cuidado; en esos momentos, el poner un pie en falso puede sernos de unas consecuencias funestas (p. 121).

Cada uno de estos ejemplos no es más que un comentario. Es sólo al dar con el segundo, unas cuatro páginas más adelante, que se nota la repetición casi exacta de la frase. La analogía, pues, no estriba en las palabras mismas, sino en el hecho de que se emplean en situaciones bien distintas en las que Pascual ve una semejanza. La verdad es que él no reconoce ninguna distinción entre los dos sucesos y, así, ocurre esta repetición aparentemente «ingenua». En vez de exaltar a la yegua —algo que se esperaría teniendo en cuenta que éste es el comentario reiterado— la imagen logra envilecer al hombre a causa de la incongruencia inherente en la comparación: el hombre no debe ser considerado como una yegua. Poco sorprende, pues, al lector agudo el leer un poco después: «Tenía la piel dura; mucho más dura que la de Zacarías...» (p. 122). Esta equiparación condensada resulta anticlimática en vista de la analogía ya citada, pero sirve de todas maneras para apuntar una vez más el modo de pensar y actuar de un hombre primitivo que ha surgido inevitablemente de un ambiente igualmente primitivo.

Las más de las veces, Pascual tiende a retratar a sus prójimos como seres llenos de maldad y fealdad, seres que por la vileza que manifiestan merecen ser castigados tarde o temprano. Esto es ciertamente comprensible dado que nuestro anti-héroe resulta ser su principal castigador en el relato. El empleo de imágenes de animales intensifica esta impresión de gente ruin; sirven no sólo para deshumanizar a los personajes, sino también para evocar en el lector una reacción emocional decididamente negativa:

> ... mi madre recogió a Mario, lo acunó en el regazo y le estuvo lamiendo la herida toda la noche, como una perra parida a los cachorros... (p. 88).

> Las mujeres son como los grajos, de ingratas y malignas (p. 132).

> [Lola] Estaba como loca, como poseída por todos los demonios, alborotada y fiera como un gato montés... (p. 136).

> Y mi mujer, ruin como las culebras, sonreía su maldad (p. 139).

Sin embargo, se nota algo muy curioso con respecto a tales imágenes al ser utilizadas para caracterizar al propio Pascual. Aunque hay unas imágenes animales que sí tienen como objeto el deshumanizarle —«Rugíamos como bestias, la baba nos asomaba a la boca...» (p. 193)—, son más abundantes las que ponen de manifiesto, sobre todo, la idea de ser Pascual una víctima:

> ... que por eso de seguir por la persona y no por el tiempo me hace andar saltando del principio al fin y del fin a los principios como langosta vareada... (p. 82).

> ... por allí andaba la guardia civil... ¡Qué maligna crueldad despertará en los niños el olor de los presos?; nos miran como bichos raros, con los ojos todos encendidos, con una sonrisilla viciosa por la boca, como miran a la

oveja que apuñalan en el matadero —esa oveja en cuya sangre caliente mojan las alpargatas—, o al perro que dejó quebrado el carro que pasó —ese perro que tocan con la varita por ver si está vivo todavía—, o a los cinco gatitos recién nacidos que se ahogan en el pilón, esos cinco gatitos a los que apedrean, esos cinco gatitos a los que sacan de vez en cuando por jugar, por prolongarles un poco la vida —¡tan mal los quieren!—, por evitar que dejen de sufrir demasiado pronto... (pp. 112-113).

En el primer ejemplo, la sensación de movimiento proporciona la base del símil, y resulta bien lograda. Pero al mismo tiempo, hay un cambio de enfoque que nos sorprende. Pascual, autor de su vida al darle forma en sus cuartillas, sufre de repente un cambio y llega a ser la víctima de esta misma vida. Hay un agente implícito en la imagen, el cual actúa sobre la langosta, y, por consiguiente, hay algún agente o alguna fuerza que actúa sobre Pascual y que causa este movimiento en defensa propia.

La idea de la víctima se hace patente en la segunda imagen, donde dicha fuerza se concreta en la forma de la guardia civil y se extiende a los niños crueles. Ya no cabe duda de que Pascual siente su propia desgracia, y por eso se compara con una serie de animales desvalidos que, por efecto del contexto, resultan desgraciados. El pobre está sujeto a los sádicos caprichos de los demás y, como un pobre animal, no puede escaparse de su suerte; tiene inevitablemente que sufrirla hasta que los otros se cansen de la diversión. Al destacar tan fuertemente la crueldad de los prójimos, Pascual logra mostrarse como mejor persona, y a causa de su desgracia, como digno de nuestra compasión. Además, puesto que su vida queda

controlada por otros poderes, puede muy bien disculparse de la responsabilidad de cualquier acción suya. A
pesar de toda esta significación, la cita no es un comentario ideado en frío. El hecho de que el símil esté sostenido y extendido, y que, con la ayuda de las repeticiones, llegue a ser cada vez más intenso, da testimonio de
la emoción y la amargura de las que surge la analogía.

Esta misma emoción incita a Pascual a atacar a los
felices que ni sufren ni se percatan del sufrimiento de él:

> ... como una tortuga baja y gorda, como una culebra en-
> roscada que temiese despegarse del suelo, Almendralejo
> comenzaba a encender sus luces eléctricas. ... ¡Los ha-
> bitantes de las ciudades viven vueltos de espaldas a la
> verdad...! (p. 63).

El pueblo en sí parece representar la delicadeza y la pros-
peridad que le son ajenas a Pascual. Pero, ya que estas
cosas nunca pueden ser suyas, las convierte en algo más
innoble que su propio estado. Entre otras cosas, esta in-
versión demuestra el resentimiento del pobre para con
los bienaventurados, un sentimiento que va y viene a
través de la obra. Así, en este ejemplo, la tortuga, con
la ayuda de los dos adjetivos, representa la pasividad
y el materialismo turgente y estancado del pueblo. La
descripción de la culebra intensifica la visión de fealdad
y bajeza, y alude a la falta de interés por parte de la
gente en lo que no queda dentro del círculo que es el
pueblo. El empleo de este lenguaje figurado en el texto
produce un comentario mucho más vívido y más emotivo que nuestra explicación del mismo, y precisamente
por eso se utiliza. La imaginería cuenta con la rápida
percepción de una semejanza «ilógica», semejanza que

al ser analizada no sólo pierde gran parte de su fuerza, sino que desafía a menudo una recta explicación a causa de las evidentes diferencias contenidas en ella.

Continuando con la imaginería animal, a veces sucede que al poner en boca de otro personaje este género de imagen con relación a Pascual, resulta marcadamente disminuida la impresión de vileza evocada en contra del protagonista, siendo ella transferida al que habla, especialmente si éste ha sido caracterizado ya por su maldad. De suerte que Pascual logra una vez más atraer sobre su persona la simpatía del lector en vez de su desprecio:

[Estirao habla] —¡Te pegaré dos tiros como a un perro rabioso! (p. 167).

Por otra parte, se nota la tendencia a hacer uso de lo animal aun para envilecer esas emociones que actúan sobre el desgraciado, aparentemente contra su voluntad:

Un nido de alacranes se revolvió en mi pecho y, en cada gota de sangre de mis venas, una víbora me mordía la carne (p. 162).

A través de esta sección hemos vislumbrado ciertos aspectos del mundo pascualiano: la fealdad y la violencia de la gente que rodea al protagonista, y la desgracia y el patetismo de su propia vida. Estas características se destacan de una manera muy vívida y emocional debido a la imaginería utilizada. Lo animal resulta un buen recurso para retratar al hombre, sobre todo cuando el intento del narrador es el de envilecerle y deshumanizarle y, de paso, ganar para sí un poco más de entendimiento y simpatía por parte del lector.

LA PERSONIFICACIÓN:
LA IMAGEN DE LAS FUERZAS OSCURAS

Si Pascual procura darnos una idea de su situación y la de otras varias personas que comparten esta dura existencia, se esfuerza asimismo por explicar las causas que conducen a tal miseria. Pero resulta que no está del todo seguro de cuáles puedan ser esas causas, y por eso tiende a atribuir su condición al destino o a algo igualmente vago y elusivo. Esta actitud va muy bien con el discurrir de una mente primitiva que las más de las veces se inclina a la superstición y lo misterioso para explicar las complejidades de la existencia. Lo importante es que este poder que rige la vida está fuera de su control y, por consiguiente, él puede absolverse en parte de la culpa de sus acciones. En el caso de las imágenes animales, Pascual intenta envilecer al hombre mediante un procedimiento de deshumanización. En este caso opta por el procedimiento inverso. Una fuerza abstracta puede considerarse peligrosa y odiosa, pero lo es todavía más la fuerza deliberada que no actúa por mera casualidad, sino con intención. Para lograr este efecto, y la intensificación emocional que produce, Pascual concede a estos poderes varias características de vida. En términos retóricos esto se llama personificación. Ahora bien, la imagen lograda con tal técnica no tiene necesariamente que ser siempre una visión del hombre en sí, es decir, un hombre de carne y hueso. Una leve sugerencia de lo humano o siquiera de lo animal puede bastar para evocar una sensación del ser consciente, y si se realiza, puede constituir una imagen. Ya en el primer párrafo del relato se obser-

va el tema del destino adverso y la técnica empleada en
su tratamiento:

> ... el destino se complace en variarnos como si fuésemos
> de cera... (p. 57).

Aquí se advierte una combinación de dos procedimien-
tos: una fuerza hecha consciente y un ser consciente deshumanizado hasta convertirse en una cosa inanimada.
El resultado es un fuerte contraste que subraya la impo-
tencia del hombre para hacer de la vida lo que le dé la
gana. Los ejemplos siguientes ponen aún más de relieve
el intento inexorable y claramente sádico de esta fuerza:

> ... como al que el destino persigue no se libra aunque
> se esconda debajo de las piedras... (p. 89).

> ... las pocas veces que en esta vida se me ocurrió no
> portarme demasiado mal, esa fatalidad, esa mala estrella
> que... parece como complacerse en acompañarme, torció
> y dispuso las cosas de forma tal que la bondad no acabó
> para servir a mi alma para maldita la cosa (p. 169).

Es interesante ver que el primer comentario se ofrece
casi con fuerza proverbial y, como tal, logra comunicar
cierta sensación de innegable validez, lo cual tiene el
efecto de fortalecer los sentimientos manifestados en la
glosa. En el segundo ejemplo, vale señalar la importancia del término «complacerse», una palabra clave utilizada también en la cita precedente, comentada en este
estudio. En los dos casos subraya una actitud básica de
Pascual, que es la de considerar su lamentable suerte
como un tipo de entretenimiento para esas fuerzas in-
comprensibles, un entretenimiento compartido igualmente por los prójimos (los niños crueles, pp. 112-113) que

se recrean viéndole sufrir. Claro que tal insinuación hace
más patético su estado desventurado, pero sirve además
para destacar cierto resentimiento por su parte que influye en todas sus percepciones del mundo exterior. En
vez de buscar las razones de su desgracia dentro de sí
mismo, Pascual mira hacia el ambiente y de allí escoge
lo que le parece apto para explicar su estado. Su explicación puede parecernos dudosa o hasta absurda, pero
a él le resulta satisfactoria y justa, aunque a veces poco
inteligible; asimismo, es preciso tener en cuenta que es
su actitud, su punto de vista, lo que debemos estudiar
para mejor entender a la persona y la novela. Podemos
simpatizar con la ingenuidad de este pobre y su incapacidad para ver más allá de las circunstancias inmediatas,
pero es precisamente a causa de esta perspectiva por lo
que Pascual se considera como una víctima atrapada por
fuerzas fuera de su dominio. A consecuencia de este
sentimiento, el pobre tiende a allegarse al lema de la
Esperanza, o quizá no puede menos de hacerlo: «¿Para
qué variar? ¡Está escrito!» (p. 183).

En realidad, hay una multitud de fuerzas que parecen actuar sobre Pascual y los demás de su ambiente,
y casi siempre de una manera tremenda e inevitable:

> El aire se alzó sobre el monte, aquel mal aire traidor que
> anduvo en los olivos, que llegará hasta el mar atravesando
> criaturas... Chirriaba en la ventana con su quejido (p. 138).

> Las más grandes tragedias de los hombres parecen llegar
> como sin pensarlas, con su paso de lobo cauteloso, a
> asestarnos su aguijonazo repentino y taimado como el de
> los alacranes (p. 134).

A veces resulta ser una fuerza oscura que se mofa de él:

La casa parecía como si la cogieran con una mano misteriosa y se la fuesen llevando cada vez más lejos (p. 120).

Pero las más de las veces estas fuerzas son sus propias ideas y emociones repugnantes que, al ser objetivadas y luego personificadas, se convierten en agresores y hacen de Pascual una víctima. Esta es quizá el arma más poderosa que tiene Pascual para trastornar los hechos y salir del relato, no como un inocente, pero acaso como «un manso cordero, acorralado y asustado por la vida» (p. 198). Esta manera de ver las cosas, debido tanto a las imágenes como a los comentarios de Pascual a este respecto, se repite a través de toda la obra y choca fuertemente con los hechos mismos. Sin embargo, dicha perspectiva llega al ápice de su desarrollo y su expresión en el último capítulo del relato, en el cual la imagen personificada lo domina casi todo, aunque haya también otras imágenes importantes y de interés.

El lirismo, un lirismo abrumador, nunca ha sido tan penetrante e intensamente sostenido, porque las emociones de Pascual nunca han sido tan vivas ni tan vívidamente retratadas. Sucede que a medida que crecen las emociones dentro de una persona, el lenguaje empleado para comunicar tal estado se hace más metafórico. Sin embargo, una vez entregada por completo a una emoción, esa persona ya no puede expresarse de igual modo, pues el manejo del lenguaje figurado exige cierta deliberación y bastante presencia de ánimo. En verdad, nuestro desgraciado llega al límite de su expresión poética, ya que para explicar cualquier pasión que sea más fuerte y abrumadora tendría por fuerza que recurrir a un lenguaje llano o quizá no la podría expresar en absoluto. Así, las

imágenes reflejan aquí un estado de ánimo tumultuoso
ya de por sí, pero también un estado coherente con el
que Pascual espera conmover al lector y, al acabar su
relato, dejarle con un sentimiento de simpatía y entendimiento a pesar de lo horrible de los hechos. Los ejemplos siguientes demuestran muy bien lo que decimos:

> 1) La idea de la muerte llega siempre con paso de lobo,
> con andares de culebra, como todas las peores imaginacio-
> nes (p. 187).
>
> 2) Avanza, fatal, incansable, pero lenta, despaciosa, re-
> gular como el pulso (p. 188).
>
> 3) Los pensamientos que nos enloquecen con la peor
> de las locuras, la de la tristeza, siempre llegan poco a poco
> y como sin sentir, como sin sentir invade la niebla los
> campos, o la tisis los pechos (pp. 187-188).
>
> 4) Pero un día el mal crece, como los árboles, y engor-
> da... y vuelven a sentirnos como raros y como enamora-
> dos (p. 188).
>
> 5) El enemigo nota nuestro anhelo, pero está confiado;
> el instinto no miente. La desgracia es alegre, acogedora,
> y el más tierno sentir gozamos en hacerlo arrastrar sobre la
> plaza inmensa de vidrios que va siendo ya nuestra alma.
> Cuando huimos como las corzas, cuando el oído sobresalta
> nuestros sueños, estamos ya minados por el mal... (p. 188).

A través de todas estas imágenes se nota la fuerza del
agresor sobre una víctima pasiva, o sea, una víctima que
no tiene con qué defenderse. El uso del «nosotros» en
vez del «yo» nos da la idea de una batalla entablada entre
el mal amenazador y todos los desgraciados, de los cuales
Pascual es el vocero; pero el mal tiene la ventaja por
ir armado con la inexorabilidad y la fatalidad mientras
que aquéllos están indefensos y sin amparo.

En el primer ejemplo, una idea siniestra se personifica mediante los movimientos de dos animales en sí mismos bastante siniestros, y luego se generaliza para incluir todas las ideas de este tipo.

En el segundo, la marcha ominosa de esta idea se compara con el pulso, pero la sensación ya queda registrada antes en virtud del mismo ritmo de la serie de adjetivos utilizados. Este ritmo se debe notablemente al empleo sistemático de las comas, lo cual tiene el efecto de hacer más pausada una lectura de la oración y más uniforme la entonación de toda ella. Menos evidente es el ritmo de los adjetivos mismos —fatal, incansable; lenta, despaciosa—, cuyo número de sílabas (2, 4; 2, 4) contribuye al tiempo regular de la expresión. Así, la misma estructura de la oración produce un efecto kinestésico que apoya tanto el sentido del comentario como el del símil.

Después, en el tercer ejemplo, se tiene sobre todo la sensación de un avance silencioso de algo que a hurtadillas va hasta su presa y se apodera de ella. Los vehículos de los dos símiles contribuyen mucho a esta sensación, pues la niebla es algo tenue que cubre todo y, en este caso, adquiere un valor negativo a fuerza del verbo «invadir» [8]. La tisis es algo todavía más concreto

---

[8] No podemos aceptar el dictamen de Paul Ilie a este respecto, ya que, según él, el «infinitivo independiente 'invadir' no tiene más que una cualidad: el movimiento; pero el que éste sea violento o tranquilo depende únicamente del contexto». Según nuestro parecer, este verbo ya lleva consigo cierto valor negativo y violento a fuerza de haber sido empleado tradicionalmente en contextos parecidos, especialmente en los que atañen a la guerra. De modo que el verbo evoca ciertas sensaciones debido a su valor ya intrínseco

—una enfermedad física intensifica la enfermedad mental— que ya lleva consigo un valor negativo. La oración que sigue en este grupo contiene las mismas características de las que venimos hablando, pero, al mismo tiempo, ofrece una cosa más. La palabra «enamorados» claramente no cabe en el contexto y resulta chocante leerla. De todos modos, sirve a un propósito, que es el de intensificar lo grotesco: Pascual se enamora del mal. El profesor Ilie dio en la clave al decir: «si hallamos en una situación repugnante algún rasgo agradable, tal yuxtaposición se convertirá en una disonancia que aumentará el total efecto de lo feo» [9].

En el último ejemplo, el mal ya se ha convertido explícitamente en un enemigo, un enemigo muy seguro de sí que, al fin y al cabo, se sale con la suya. Este pasaje es de una habilidad artística innegable desde el punto de vista de su efectividad expresiva. La imagen del alma concreta de una manera extraordinaria la vileza del hombre que, una vez vencido por el mal, no puede

que, claro está, pueden ser modificadas por el contexto —algo ligeramente diferente de lo que propone el señor Ilie. Así, la expresión «cuando la paz invade las almas pecadoras...» (p. 141) no es, como asevera este mismo crítico, «un tropo claramente no violento». Aunque el sustantivo «la paz» modifica la fuerza del verbo, no puede eliminarla por completo. Esto se ve muy fácilmente al comparar la cita con otra glosa de la misma página del relato: «Es probable que si la paz a mí me hubiera llegado algunos años antes...». En realidad, Cela emplea el verbo «invadir» bastante a menudo precisamente porque ayuda a evocar, siquiera un poco, la violencia, que es tan característica de todo el mundo pascualiano: «... llegó el día en que la morriña... me llegó a invadir de tal manera que tiempo me faltaba para verme de nuevo en la choza sobre la carretera» (p. 154). (PAUL ILIE, *La novelística de C. J. C.*, p. 58).

[9] *La novelística de C. J. C.*, p. 59.

menos de convertir todo de igual modo. Es interesante notar que a través de este último capítulo del relato, el diestro manejo sostenido y elaborado de la técnica personificadora influye poco a poco en nuestra perspectiva hasta que logra movernos a considerar la idea de la muerte como un enemigo consciente y distinto del desgraciado Pascual. No cabe duda de que la personificación, tal como se emplea aquí, ayuda mucho a contrarrestar las reacciones de horror y repulsión que sentimos para con el protagonista ante la enormidad de sus hechos.

Estas fuerzas, de las que ya hemos hablado en extenso, enlazan con otro tema que tiene que ver con las grandes potencias: la religión. Pascual, siendo un hombre primitivo y poco instruido, penetra muy poco en las profundidades de la religión; más bien, tiende a considerarla cándidamente casi como un aspecto del folclor de su cultura. Por ejemplo, al oír un sermón pronunciado por algún sacerdote, admite prontamente que ignora su significado, pero añade que debe ser verdad porque a verdad suena (p. 144).

A través del relato hay un buen número de alusiones a Dios, pero resulta que estas expresiones son casi todas frases hechas que forman parte del vocabulario de cualquier hombre. Un «Dios mediante», «como Dios manda» o «¡bien lo sabe Dios!», no indican mayor profundidad que el «con perdón» que emplea con bastante frecuencia. Aun los comentarios ampliados un poco suenan a extractos de alguna lección elemental de catecismo o hasta de naturaleza proverbial, y carecen de cualquier penetración, verbigracia: «Dios castiga sin palo y sin piedra y, ya se sabe, quien a hierro mata...» (p. 110),

«Dios —que todo lo dispone para la buena marcha de los universos...» (p. 126), o «Dios que está en las Alturas...» (p. 175). Pero, de todos modos, esta fe primitiva se trasluce en las meditaciones y en el raciocinio poco desarrollado de Pascual, y resulta que la religión llega a ser otra fuerza en su vida, tan misteriosa y tan alejada como las fuerzas oscuras, o como ese destino implacable que rige su existencia.

Por lo general, el hombre religioso tiende a exaltar lo sobrenatural como una de las verdades sagradas e intocables que existen en sí y, por eso, no está acostumbrado a considerarlo desde el punto de vista de la imaginería. Sin embargo, puesto que no se puede percibir ninguna de las realidades sobrenaturales sino mediante su concreción en las naturales, lo cierto es que cabe dentro de la esfera de la imaginería. Además, en este caso, Pascual hace uso de su poco conocimiento de lo sobrenatural para explicar y dar sentido a su situación, y así el concepto de Dios acaba por convertirse fácilmente en una personificación de esas fuerzas que actúan muy en contra de él:

... como Dios se conoce que no quiso que ninguno de nosotros nos distinguiésemos por las buenas inclinaciones... (p. 75).

... si la paz a mí me hubiera llegado algunos años antes... Pero no quiso Dios que esto ocurriera... (pp. 141-142).

Obsérvese que en estos dos ejemplos se puede sustituir la palabra «destino» por «Dios» sin cambiar en nada su significado. Pascual hace responsables a estos dos mundos, ininteligibles para él, por lo que en realidad surge de la vida misma. De esta manera, el lastre de la culpabilidad ya no recae tanto sobre Pascual ni los otros desgraciados, sino sobre algo más poderoso que no tiene por qué restringirse. Por eso, al volver a casa después de una larga temporada en Madrid y en La Coruña, y al saber que su mujer está encinta, Pascual echa la culpa, aunque sea de una manera figurativa, a lo sobrenatural:

> ... el viaje que tan feliz término le señalaba si el diablo —cosa que yo entonces no sabía— no se hubiera empeñado en hacer de las suyas en mi casa y en mi mujer durante mi ausencia (p. 155).

Al destacar entre guiones que ignoraba las consecuencias de su huida, Pascual espera disminuir la censura del lector. Cierto que reconoce su culpabilidad —se acordará de la descripción de la huida: «... aprovechándome de la noche como un ladrón...» (p. 147)— y la admite, pero resulta que esta confesión no es más que una concesión hecha para poder destacar después y con mayor energía su triste suerte de ser siempre el desafortunado:

> ... mi huida, mi mayor pecado, el que nunca debí cometer y el que Dios quiso castigar quién sabe si hasta con crueldad... (p. 155).

Según Pascual, el castigo claramente no está proporcionado al delito. Esta fuerza sobrenatural es siniestra y, como en el caso de las otras fuerzas del mal, no hay manera de eludirla:

> Dios está en lo más alto y es como un águila con su mirar; no se le escapa detalle (p. 139).

Quizá nos choca pensar que Dios, cuya bondad y misericordia se dan por sentadas, pudiera ser autor de tal perfidia:

¡Parecía como si la Providencia se complaciera en ponérmelo [el camposanto] delante, en hacerlo de propósito para forzarme a caer en la meditación de lo poco que somos! (p. 176).

Pero no es de veras tan extraño, ya que, desde el punto de vista de Pascual, Dios no representa, en la mayoría de los casos, más que una de esas fuerzas oscuras y adversas que gobiernan al hombre. Pudiera haber representado algo más, pero Pascual no puede menos de perder confianza en una potencia que no le ayuda a librarse de su situación desdichada. Acaba, pues, por considerar a Dios como un atormentador o como desinteresado, una actitud muy semejante a la del hombre moderno, quien sufre más o menos del mismo sentido de frustración:

—¡Y si Dios lo arreglase!
—No nos querrá tan bien...
(p. 139).

Esta última expresión de amargura y hostilidad suena mucho como la del señor C. en *Pabellón de reposo:* «Existe Dios, amada mía, pero no está de nuestra parte. ¿Podremos seguir teniendo confianza?»[10]. En los dos casos, la frustración de no poder cambiar una situación opresiva llega a ser insoportable, y Dios, el último refugio, resulta ser el objeto de esta frustración convertida en cinismo. Al rechazar a Dios, el hombre se halla a

---

[10] *La obra completa de Camilo José Cela,* tomo I (Barcelona: Ediciones Destino, 1962), p. 330.

solas dentro de su circunstancia, y queda así aislado de los demás, aunque de veras anhele comunicarse con otra persona, con alguien que, si bien no puede ayudarle, a lo menos pudiera entenderle. Pascual siente muy fuertemente esta enajenación y se esfuerza por romperla, pero a cada instante se halla impedido por los que mandan. Incluso en el caso de su hijo Pascualillo, el lucero más brillante de su vida, Pascual no logra romper las cadenas de su aislamiento. Esas mismas fuerzas lo hacen imposible al quitarle el hijo mediante la muerte —«¡El angelito que un mal aire se llevó!» (p. 132). Pero, como en el caso de lo sobrenatural, el pobre niño inocente va a sentir la fuerza de la frustración de su padre, ya que éste acaba por juzgar la muerte de su hijo como una decisión de Pascualillo mismo y, expresamente, para hacer más desdichado el estado de su padre:

> ... nos iba a abandonar, a dejar hundidos en la desesperanza más ruin, a deshabitarnos como esos cortijos arruinados de los que se apoderan las zarzas y las ortigas, los sapos y los lagartos... (p. 127).

Esta imagen visual retrata de una manera sumamente vívida todo el desencanto, toda la frustración y toda la desesperación de Pascual Duarte. Ya no hay esperanza; ya no hay más que la soledad y un camino de desgracias que conduce a la destrucción.

CAPÍTULO II

LAS IMÁGENES COOPERANTES

Hemos visto ya en el capítulo anterior cómo los pensamientos y actitudes de Pascual Duarte alcanzan mayor realce y plenitud a fuerza de las imágenes empleadas liberalmente a través de su relato. Además, por medio de estas mismas imágenes hemos sondeado la visión del narrador-protagonista para entender de una manera un poco más penetrante a la persona y sus circunstancias. Sin embargo, lo ya examinado no es en sí suficiente para formular un juicio sobre la obra en su totalidad u ofrecer una explicación de ella. La vida ficticia retratada dentro de los confines de esta novela es tan multiforme, y a veces tan confusa y deshilvanada, como la vida misma. Por eso, para llegar al fondo de su sentido, es preciso detenerse en los numerosos y distintos rasgos de significado que son las ideas, las actitudes, las emociones y demás elementos que sostienen y confirman, o que a veces contradicen, los hechos presentados dentro de los varios segmentos de la novela. Estos segmentos tienen un fin determinado dentro del giro en que se utilizan, pero, además, contribuyen al efecto total de la obra y mejoran nuestra comprensión de toda ella.

En realidad, hay una jerarquía de imágenes que contienen estos múltiples rasgos informativos. Es decir, que a lo largo de la novela ciertos tipos de imágenes se destacan en virtud de su aplicación regular y extensiva, mientras los demás sirven, aunque sea de una manera menos palpable, para apoyar y enriquecer las impresiones evocadas por aquéllas. Como ya se ha visto, el uso sistemático de la deshumanización del hombre y la personificación de lo inanimado son dos ejemplos de los recursos principales que determinan nuestras percepciones y reacciones a lo largo del relato. Pero, al mismo tiempo, hay muchas otras imágenes que, si bien no se emplean tan a menudo ni tan ampliamente, merecen ser examinadas porque, junto con las más acentuadas, ayudan a moldear y reforzar la visión novelística, y así forman parte de la trama de la obra. Para subrayar el papel importante que desempeñan en el relato, llamamos a estas imágenes *cooperantes,* y son precisamente las que intentaremos estudiar en este capítulo.

Las imágenes de la vida estéril y fecunda

Por donde quiera que se mire en la novela, se hallan subrayados esos aspectos de desgracia e infructuosidad que caracterizan la vida lastimera tanto de Pascual Duarte como de su familia. La fecundidad es casi inexistente; en su lugar quedan patentes la sequedad y la dureza, cualidades que se reflejan en todo y que se prestan muy fácilmente a la imaginería. La madre de Pascual, por ejemplo, posee esos rasgos, y llega así a representar todo lo opuesto de lo que debe ser una madre:

Rosario se nos crió siempre debilucha y esmirriada —¡poca vida podía sacar de los vacíos pechos de mi madre!— y sus primeros años fueron tan difíciles que en más de una ocasión estuvo a pique de marcharse (p. 74).

Mi madre tampoco lloró la muerte de su hijo; secas debiera tener las entrañas una mujer con corazón tan duro... (p. 89).

¡La mujer que no llora es como la fuente que no mana, que para nada sirve, o como el ave del cielo que no canta, a quien, si Dios quisiera, le caerían las alas, porque a las alimañas falta alguna las hacen! (pp. 89-90).

Esta mujer, claramente, refleja mucha bajeza y suciedad y, a diferencia de la fuente del pueblo, de la que tampoco manan las aguas vivificantes (p. 58), ni siquiera tiene la elegancia de esta cosa inútil. En efecto, los vestigios de vida que muestra son unas señales repugnantes en la boca que durante el verano se llenan de pus (p. 68). Al poner de relieve estas características ruines y verdaderamente chocantes de su madre —logrados de mayor grado con los efectos dramáticos del aparte y la exclamación—, Pascual prepara el terreno para la última escena del relato: el asesinato de esta mujer convertida en enemiga. Resulta irónicamente simbólico que la mujer de los pechos vacíos, que nunca se molestaba en nutrir a sus hijos ni siquiera con un poco de ternura o cariño, hallara con la boca el pezón de su hijo, su matador, mientras lucha por conservar la vida. Mas, en el mismo momento en que ella busca vida, aunque sea de una manera reconocidamente grotesca («con la boca me cazó un pezón» [p. 193]), Pascual contesta con el cuchillo en la garganta, y así rehúsa darle a su madre lo que ésta le ha negado a él por tanto tiempo. Por medio de la

preparación descriptiva, Pascual ha logrado destacar la
vileza de su madre, como lo hace también con los otros
que reciben la muerte de su mano. Resulta, pues, que
en verdad no nos parece tan trágico que esta madre,
que de ello sólo tiene el nombre [1], sufra un fin tremendo. Como dice muy bien Gregorio Marañón, «... Duarte
es mejor persona que sus víctimas y... sus arrebatos cri-
minosos representan una suerte de abstracta y bárbara
pero innegable justicia» [2].

La naturaleza refleja igualmente esta falta de vida,
esta sequedad. Durante el nacimiento de Rosario, por
ejemplo, el campo testimonia la aseveración de que la
madre es «medio machorra y algo seca» (p. 71):

---

[1] Yolanda Bache Cortés ha destacado el hecho de que la madre
ni siquiera tiene nombre de pila en la novela. Aunque discrepamos
de la interpretación dada a este fenómeno —«representa el deseo
inconsciente de negarse a sí mismo el origen, el deseo inconfesable
de no querer saberlo, la evasión, la negación total y definitiva de la
madre y, por ende, la orfandad»—, sí reconocemos la singularidad
del caso. [«La familia de Pascual Duarte: ¿Historia de un matrici-
dio?», Pascual Duarte y Alfanhuí: dos actitudes de posguerra, México: Universidad Nacional Autónoma de México, 1979, p. 34]. A
nuestro parecer, el término genérico «madre» refuerza más la idea
del papel maternal truncado, de la responsabilidad vital negada, y
por lo tanto, señala a una mujer más merecedora de castigo que
una mujer cuyo nombre de pila evoque una personalidad o una
identidad más amplia y de mayores facetas.

[2] «Prólogo», La familia de Pascual Duarte, Colección Austral
(Buenos Aires: Espasa-Calpe Argentina, S. A., 1955), p. 27. Aun
así, el protagonista no gana necesariamente nuestra compasión: «The
external account of the action shocks and dismays but the characters
remain substantially aloof from the experience of tragedy. There
is horror, but no pity». [ROBERT KIRSNER, «Cela's Quest for a
Tragic Sense of Life», Kentucky Romance Quarterly, XVII, núm. 3
(1970), p. 259.

El campo estaba en calma y agostado y las chicharras, con sus sierras, parecían querer limarle los huesos a la tierra (p. 71).

En efecto, parece que el campo existe sólo para recordarle a Pascual toda su existencia estéril y desdichada. Nos hemos detenido ya en aquel campo «yermo y agostado como los cementerios» que el pobre vislumbra al salir de la cárcel (p. 42 del presente estudio). Pero si Pascual se da buena cuenta de la sequedad que le rodea, advierte asimismo que ésta penetra hasta su propio ser:

El amargor que me sube a la garganta es talmente como si el corazón me fabricara acíbar en vez de sangre; me sube y me baja por el pecho, dejándome un regusto ácido en el paladar; mojándome la lengua con su aroma, secándome los dentros con su aire pesaroso y maligno como el aire de un nicho (p. 98).

Este fuerte sentimiento que se apodera del narrador gana más efectividad al ser descrito concretamente mediante los símiles fisiológicos. Aquí el acíbar es casi la antítesis de la sangre —esa sangre necesaria para conservar la vida—, y su significado adverso se extiende a través de dos símiles gustatorios para resumirse en una intensificación final que es la imagen de la sequedad, una sequedad hecha más letal al ser causada por un aire «maligno».

A pesar de su estado desdichado, hay momentos en que el pobre, ya más cerca de la otra vida, experimenta algún alivio de esta aridez:

Cuando la paz invade las almas pecadoras es como cuando

el agua cae sobre los barbechos, que fecunda lo seco y hace fructificar al erial (p. 141).

Pero la tranquilidad no puede ser la fiel compañera del que «tiene contados los latidos» (p. 146), y mencionarla sólo sirve para enfatizar, por contraste, el trastorno que sufre Pascual más profunda y frecuentemente. Además, es de destacar que tal tranquilidad no le llega hasta que se halla encerrado, porque «no quiso Dios que esto ocurriera» (p. 142), o sea, porque «la costumbre [le] forzó a ser intranquilo» (p. 146), razones poco distintas desde el punto de vista del protagonista. Éste, a lo largo de su vida, tiene que contar con un ambiente adverso y, para seguir existiendo, para no entregarse a la sequedad que le amenaza constantemente, se nutre de la sangre, esa sangre que arde y voltea en el pecho y en las sienes de cada asesinato y que, una vez derramada por la víctima, asegura y alimenta su vida. Así, la sangre sirve a un doble propósito, pues simboliza tanto la muerte como la vida fecunda. Resulta muy apta, pues, la imagen que se evoca en el comentario de la Lola:

Es que la sangre parece como el abono de tu vida (p. 160).

A través de todo el relato se nota la yuxtaposición de estos dos valores de la sangre. Se presentan de una manera chocante en la escena del entierro del pobre Mario, cuando Pascual ataca a la Lola y la viola sobre el sepulcro del niño:

La tierra estaba blanda... Y en la tierra, media docena de amapolas para mi hermano muerto: seis gotas de sangre... (p. 95).

La blandura de la tierra sugiere la fertilidad —especialmente cuando se considera que la tierra dura y seca no ofrece más que esterilidad—, pero figura de una manera grotesca, ya que este montón de tierra es el mismo que cubre los restos de un muerto. La sangre, tenor de la imagen contenida en estas líneas, es el resultado de la violencia, pero al mismo tiempo representa la fecundación a fuerza del contexto sexual. Además, como se sabe más tarde, la Lola queda encinta. Las amapolas, vehículo de la imagen, sirven de una manera poética como tributo sangriento a la muerte, e intensifican la idea de la fertilidad. De suerte que la impresión evocada aquí es la de la vida que surge y que se nutre de la muerte. La imagen en sí, cuya estructura es la de un símil sin nexo, porque los dos sentidos literal y figurado quedan patentes, resulta más eficaz al presentarse cada componente a la inversa de su posición usual. De esta manera, el tenor adquiere más fuerza y finalidad, además de sorprender al lector.

La sangre llega a su máxima expresividad como señal de la muerte y la vida al final del relato, cuando Pascual mata a su madre:

> La sangre salía como desbocada y me golpeó la cara. Estaba caliente como un vientre y sabía lo mismo que la sangre de los corderos.
> ... ...
> Podía respirar... (pp. 193-194).

Al derramar la sangre de su madre, Pascual ha logrado mantener su propia vida. En efecto, ella es, como implica el símil, el cordero, o sea, la víctima que tiene que ser sacrificada para eliminar el peligro del propio aniquilamiento. Por otra parte, la fuerza de esta misma sangre connota el buen grado de alivio que logra Pascual, casi como si estuviera vivificándose con las aguas de un manantial. Sin embargo, lo que nos parece más desabrido, por lo menos a primera vista, es el empleo de los sentidos del tacto y del gusto con respecto a la sangre. Claro está que al analizar un poco los dos símiles, se ve que encajan bien, puesto que la sangre simboliza la vida y ésta se bebe, en sentido figurado, para resucitar el cuerpo de su calor. Mas el uso de «vientre», una palabra que evoca la idea de la maternidad y, desde luego, la vida ya de por sí, no se acomoda al contexto. El mezclar una sugerencia de la vida con la muerte resulta chocante y grotesco para el lector, y esta reacción sigue siendo muy fuerte, no obstante la frecuencia con que se yuxtaponen estos dos conceptos. Ya hemos visto su compenetración en el caso de la violencia cometida contra la Lola sobre el sepulcro de Mario. Hay, por añadidura, el ejemplo de la yegua a la que mata el trastornado Pascual:

> El animalito... se limitaba a respirar más hondo y más de prisa, como cuando la echaban al macho (p. 122).

O hasta el del pobre Mario ya muerto:

> ... con su corbatita de la color de la malva hecha una lanzada sobre la garganta como una mariposa que en su inocencia le diera por posarse sobre un muerto (pp. 90-91).

Según nuestro criterio, este modo de ver las cosas parece desorientado, si no claramente perverso; la muerte ni debe considerarse igual a la vida, ni deben hallarse las dos dentro de la misma reflexión. Mas hay que contar una vez más con la supuesta ingenuidad de este hombre primitivo, para quien tales cosas no son ni tan sagradas ni siempre divisibles. La sangre derramada de un ser odioso y amenazador asegura la propia vida de Pascual y así los dos conceptos de vida y muerte se mezclan fácilmente en sus pensamientos. Esto no quiere decir, ni mucho menos, que valga para absolver a Pascual de toda culpabilidad a causa de su primitivismo, pero sí indica una de las maneras en que tenemos que considerarle.

A decir verdad, tales imágenes, subrayadas por lo grotesco, impactan de una manera violenta nuestra sensibilidad, y no podemos menos de reaccionar en contra de Pascual. Sin embargo, el narrador, ciertamente, no se esfuerza por evitar esta reacción nuestra porque, al fin y al cabo, espera provocar una reacción de mayor choque y repugnancia cuando describe a los demás. Se nota esta preocupación, por ejemplo, en el caso del señor Rafael, un hombre cuya vileza se manifiesta en el tratamiento que da al pobre Mario (p. 87). Pero la actitud de este hombre resulta del todo incongruente y, por consiguiente, aún más grotesca cuando se pone a preparar el ataúd del niño muerto:

... el hombre iba y venía de un lado para otro diligente y ufano como una novia... (p. 91).

Hemos hablado ya de este tipo de imagen que, a pesar de ser agradable en sí, intensifica lo feo en virtud del contexto en que se emplea (p. 62 del presente estudio). Como resultado de esta técnica, el señor Rafael llega a ser tan odioso que, como contrapeso, Pascual ya no parece tan ruin; en todo caso, éste es el efecto que el narrador espera lograr, y no sólo en este caso, sino también en lo tocante a los otros personajes. Dejamos para el tercer capítulo un examen detenido de las reacciones evocadas tanto en pro como en contra del protagonista y de los otros personajes, al tratar de la imagen que tiene Pascual de sí mismo.

La disonancia es una característica importante que queda patente en muchas de las imágenes que hemos citado. Resulta ser, efectivamente, la verdadera clave de los elementos grotescos que penetran la obra. En cuanto al hombre deshumanizado, por ejemplo, vemos que la violenta impresión que tales imágenes producen se debe a que percibimos al hombre dentro de un contexto animal. Tendemos a rebelarnos contra tal insinuación, ya que va en contra de nuestra manera más usual y aceptada de considerar al hombre. Esta oposición es la causa concreta del choque que experimentamos, y puesto que no hay manera de ajustar tal percepción incongruente a nuestro modo de ver las cosas, acabamos por considerarla repugnante y grotesca. Dentro de los contextos repugnantes ya de por sí, la adición de un elemento agradable es igualmente incongruente y, por consiguiente, toda la percepción resulta más repulsiva.

Esto sucede en el caso del mal que se apodera de Pascual de tal modo que éste se siente «como enamorado» (p. 188), así como en el último caso citado, donde las acciones del señor Rafael, un hombre malicioso y sádico, se comparan con las de una novia. Además, como ya hemos apuntado antes, el doble valor de la sangre como señal de la vida y la muerte ocasiona más de un choque en el relato a fuerza de la constante compenetración de estos dos conceptos, para nosotros distintos y disonantes. Por ejemplo, resulta incongruente, y por lo tanto grotesco, que Pascual compare la respiración de la yegua acuchillada con la de la yegua echada al macho (p. 122), o que viole a la Lola sobre el sepulcro de su hermano (p. 95), o hasta que perciba una semejanza entre la corbata que llevaba su hermano difunto y una mariposa (p. 91), una imagen que si no nos parece repulsiva, por lo menos nos da una sensación incómoda. En realidad, a lo largo de toda la novela son numerosas las situaciones que contienen elementos disonantes, los cuales iremos señalando al detenernos en los diferentes aspectos del mundo pascualiano.

UN SISTEMA DE CONTRASTES: LA VIDA Y LA MUERTE

Durante toda la narración, parece establecido y elaborado un sistema de contrastes entre lo agradable y desagradable que resulta claramente desequilibrado a favor del segundo. Las imágenes reflejan muy bien estos contrastes y a veces una sola imagen puede efectuar el contraste al sufrir un cambio de valor. Esto ocurre, por ejemplo, en el caso del empleo del sol. Al principio del relato notamos el valor decididamente negativo del «sol violento de la llanura» (p. 57). Pero un poco más tarde ya empieza a sufrir una leve mutación, aunque sigue siendo, en su mayoría, desfavorable:

... el sol... como señor de todo, iluminándolo todo, quemándolo todo... (p. 71).

Resulta, sin embargo, que en adelante el sol adquiere un valor positivo, especialmente en lo tocante al hijo

de Pascual, si bien la expresión empleada sea una metáfora lexicalizada ya:

> ¡La criatura que era mismamente un sol! (p. 132).

En efecto, el sol llega a señalar tanto el placer como el
bienestar al ser utilizado por Pascual para destacar hasta
lo bueno de la encarcelación, una observación hecha mirando hacia atrás y a consecuencia de su subsiguiente
situación, más desdichada:

> ... del penal; tomando, en los recreos, el sol en el patio,
> ese sol que tanto agradecía... (p. 169).

Pero sucede que tan pronto como alcanza un valor positivo, Pascual ya no puede disfrutar porque el pobre es
una y otra vez la víctima de sus circunstancias. Claro
que puede gozar del sol, pero sólo lo suficiente para que
su sufrimiento sea más grande cuando carece de él:

> Muchas veces brilló el sol para todos; pero su luz, que
> ciega a los albinos, no les llega a los negros para pesta-
> ñear (p. 137).

Esta imagen pone en manifiesto contraste la suerte de
los bienaventurados, los albinos, con la de los desgraciados, los negros. Al hacer uso de una estructura metafórica, se aumenta el significado de toda la imagen,
puesto que el vehículo (lo citado) no se halla sujeto
explícitamente a un tenor definidor. Así, según su empleo aquí, los dos grupos de personas pueden connotar
varias cosas. En virtud del color del cutis, representan
el efecto de la luz o la falta de ella. Por otra parte, el
color puede reflejar igualmente la causa de esta distinción en la asignación de la luz; es decir, que los albi-

nos son los blancos, los inocentes, mientras que los negros son los malhechores. Además, parece especialmente apto el uso de «los albinos» con el verbo «ciega» por ser una de las peculiaridades de esta gente la sensibilidad de sus ojos ante la luz. En todo caso, esta metáfora es un buen ejemplo de una de las características más salientes de la imaginería, a saber: *multum in parvo*.

El poco de sol, o sea, el calor de vida que experimentó Pascual en la cárcel termina abrupta y contrastantemente con el frío que lo reemplaza cuando sale por fin a la calle:

> Cuando llegué, un frío agudo como una daga se me clavó en el corazón. En la estación no había nadie (p. 175).
>
> … la luna, como una hostia, allí estaba clavada, en el medio del cielo. No quería pensar en el frío que me invadía.
>
> Un poco más adelante… estaba el cementerio… (p. 176).

Si el sol representa algo beneficioso, la luna evidentemente representa algo maléfico que señala la soledad y hasta la muerte. Al hallarse a solas, al notar la falta de gente, Pascual no puede menos de percibir la desgracia que le espera en adelante, y como señal de este porvenir infructuoso y mortífero, el pobre siente la fuerza de un frío penetrante que se apodera de él.

El frío se menciona varias veces a lo largo de la novela, y aun en el símil siguiente, que es sin duda alguna bastante trillado, se aprecia el nexo de esta sensación con la muerte:

> Me acerqué hasta ella [Lola] y la besé en la mejilla; estaba fría como una muerta (p. 102).

En realidad, hay un sinfín de símiles como éste cuyos
vehículos son una y otra vez «la muerte», verbigracia:
«las tres mujeres, calladas como muertos» (p. 133), «mi
mujer, blanca como una muerta» (p. 193). A pesar de
su poca originalidad e insipidez, tales tropos reflejan ya
de por sí el enfoque principal de toda la obra, el cual
incluye tanto los asesinatos de Pascual como la propia
condenación de éste.

El tiempo llega a manifestar igualmente el frío que
experimenta Pascual. Después de acuchillar a Zacarías,
y emprender el camino hacia su casa, nota que «hace frío»
y luego que «será el cuerpo» (p. 118, 119). Por otra
parte, el cementerio figura una vez más en su camino y
sirve para concretar e intensificar el concepto frío-muer-
te. Pero como en muchas otras cosas, aquí hay contrastes
también. El tiempo puede reflejar asimismo la pasión,
la vida palpitante de Pascual, como sucede cuando observa que «hacía calor» (p. 94), inmediatamente antes
de atacar a la Lola. Más tarde, Pascual tiene la misma
sensación cuando está a punto de matar de un tiro a la
Chispa. Para mayor efectividad, este suceso se describe
al principio del relato:

... hacía calor, un calor espantoso, y mis ojos se entrona-
ban dominados por el mirar, como un clavo, del animal
(p. 65).

A diferencia de Meursault, que mata a un árabe «a cause
du soleil» [3], Pascual no hace uso del calor como motivo
de sus acciones, sino que éste, como en el caso de la

---

[3] ALBERT CAMUS, *L'Étranger,* ed. Germaine Brée y Carlos Lynes,
Jr. (New York: Appleton-Century-Crofts, 1955), p. 120.

perra, representa la fuerza de la vida que lucha para sobreponerse a la amenaza:

> ... ahora me doy cuenta de que tenía [la Chispa] la mirada de los confesores, escrutadora y fría... (p. 64). [El énfasis es nuestro].

> La perra seguía mirándome fija... como si fuese a culparme de algo de un momento a otro, y su mirada me calentaba la sangre de las venas... (p. 64).

He aquí la imagen del juez, el acusador que, al parecer, culpa a Pascual por los tres perrillos nacidos muertos, y que alude, por lo menos desde el punto de vista del protagonista, al aborto de la Lola [4]. Igual que la perra, la madre resulta ser un tipo de juez que le atormenta con la mirada, las imputaciones y los reproches, y, como ya hemos visto, también tiene ella que morir para que Pascual pueda salvarse.

Continuando con la idea de los contrastes, se ve que el candil y la sombra figuran también en este sistema, sobre todo en virtud del valor simbólico que tienen en la novela. En el caso del primero, esto se hace más explícito mediante un símil:

> La llama del candil subía y bajaba como la respiración... (p. 139).

Así, el candil señala la vida, y no sólo en este caso, sino también cuando Pascual vuelve de la cárcel lleno de esperanzas e ilusiones, y ansioso por ver a su madre, nota

---

4 David Feldman ha reparado también en esta explicación probable, la cual se incluye en su artículo: «Camilo José Cela and *La familia de Pascual Duarte*», *Hispania*, XLIV (diciembre, 1961), p. 657.

que se enciende un candil en la casa (p. 179). Pero el
mismo candil sirve para contrastar más claramente la
dura realidad que le espera cuando ilumina la cara de esa
madre tan ruin como siempre. En la última escena, este
candil se emplea de nuevo para dar más fuerza al hecho
de la madre muerta, precisamente por ser la expresión
utilizada simbólica y extremadamente sucinta. He aquí
otro ejemplo de la disonancia del mundo pascualiano que
tanto nos choca, ya que un suceso como la muerte de
una madre debe exigir mucha más emoción por parte de
su hijo, el matador, que la que se vislumbra en esta glosa:

> Choqué con mi mujer a la salida; se le apagó el candil
> (p. 194).

En contrario, la sombra representa la muerte, una muerte
personificada que vigila los pasos del protagonista y an-
ticipa su fin. Ya desde niño tales sombras le daban miedo
a Pascual, pero más opresiva es la sombra que persigue
al Pascual hombre:

> La sombra de mi cuerpo iba siempre delante, larga, muy
> larga, tan larga como un fantasma, muy pegada al suelo,
> siguiendo el terreno, ora tirando recta por el camino, ora
> subiéndose a la tapia del cementerio, como queriendo aso-
> marse. Corrí un poco; la sombra corrió también. Me paré;
> la sombra también paró. Miré para el firmamento; no
> había una sola nube en todo su redor. La sombra había
> de acompañarme, paso a paso, hasta llegar (pp. 176-177).

Se habrá notado ya que todas estas imágenes se corresponden con respecto al significado que comprenden. Para mayor claridad, y a guisa de resumen, diríamos que la
vida se refleja generalmente en la fertilidad, la sangre,
el calor, el sol y el candil, mientras que la muerte, o sea,

la falta de esa chispa vital, se ve en la sequedad, el frío, la luna y la sombra. Todas estas imágenes son, por decirlo así, los «leit motiv» de la novela que contribuyen en gran parte a la riqueza de ésta y que proporcionan una buena muestra de su textura.

UN MUNDO DE SENSACIONES

Pascual Duarte es, como venimos señalando, un hombre primitivo y, por lo tanto, carece de la habilidad para penetrar en sus prójimos y analizar sus motivos. En la mayoría de los casos, tiende a juzgarlos superficialmente, usando como regla empírica esas cualidades exteriores, principalmente las emociones, que se muestran muy fácilmente. Esto no nos debe extrañar, pues durante toda la novela el protagonista, por más que se esfuerce, generalmente no puede comprender su propio ser más allá de las sensaciones que experimenta y las reacciones que despierta en los demás. Así, el mundo de Pascual es sumamente sensual y se describe, desde luego, en estos términos.

El olfato es una de las sensaciones que más se notan con respecto a esto y, según su empleo, tiende a sugerir lo animal más que lo humano, además de señalar tanto las cosas desagradables como, muchas veces, la muerte misma:

[Mario] … parecía como que hubiera olido el parentesco que le esperaba y hubiera preferido sacrificarlo a la compañía de los inocentes en el limbo (p. 85).

No sé si sería el olfato que me avisaba de la desgracia que me esperaba. Lo peor es que ese mismo olfato no me aseguraba mayor dicha si es que quedaba soltero (p. 107).

Digno de atención también es el olor a bestia muerta
que le es tan importante a Pascual durante su juventud (p. 62), lo cual demuestra ya su afinidad con la
muerte e indica su propio bajo nivel de vida. Sospecha-
mos, sin embargo, que el valor de este pasaje estriba
más en el impacto que ocasiona que en cualquier interpretación significativa que prometa.

La mirada resulta otro indicio de la desgracia, y muy
a menudo lleva consigo una amenaza. Ya se ha observado
la importancia que tiene la mirada en el caso de la Chispa. Resulta no menos importante en lo que atañe a los
otros personajes, puesto que es ésta una de las maneras en que Pascual los ve y los retrata.

> [Rosario] ... tal odio hube de ver en sus ojos que me dio
> por cavilar en que había de ser mal enemigo... (p. 88).
>
> [Lola] ... su mirar era como un bosque de sombras
> (p. 156).
>
> [Lola] ... su cara daba miedo, un miedo horrible de que
> la desgracia llegara con mi retorno... (p. 160).
>
> [Estirao] ... en su faz se veían unos fuegos que espan-
> taban... (p. 166).

Otra manera de entender y caracterizar a los personajes
es por medio de la sonrisa, la cual es, como se supon-
dría, señal de la maldad, la fealdad y la desgracia:

> Y mi mujer, ruin como las culebras, sonreía su maldad
> (p. 139).
>
> Lola sonreía, con una sonrisa de niño maltratado que
> hería a la mirada (p. 158).
>
> Mi hermana le sonrió con una sonrisa cobarde que me
> repugnó; el hombre [el Estirao] también sonreía, pero
> su boca al sonreír parecía como si hubiera perdido la co-
> lor (p. 166).

> La Rosario se sonreía con su sonrisa de siempre, esa sonrisa triste y como abatida que tienen todos los desgraciados de buen fondo (p. 181).

La sonrisa llega efectivamente a indicar todo tipo de cosas desagradables, pero peor aún es la risa, ya que logra acentuar la crueldad, una crueldad aguda y maligna que no puede menos de repugnarnos, tal es su horribilidad. Cuando el señor Rafael da una patada al pobre Mario, se ríe orgullosamente, y la madre, en vez de ir a ayudar a la criatura, se ríe también «haciéndole el coro al señor Rafael» (p. 87). Más adelante, la Lola se ríe cuando la yegua sobre la cual va montada atropella a una vieja (p. 110). En ambos casos, esta risa inoportuna e inesperada crea una disonancia que repercute en todo el mundo pascualiano.

En realidad, nuestro héroe posee una sensibilidad especial en cuanto al sonido. La voz, por ejemplo, es otro indicio que le ayuda a caracterizar a su prójimo.

> [Lola] Su voz era como una voz del más allá, grave y subterránea como la de un aparecido (p. 94).

Pero todavía más importante es el sonido que hace eco a las impresiones subjetivas del narrador:

> ... todos los ruidos de la noche, esos ruidos de la noche que casi no se oyen, pero que suenan en nuestros oídos como los golpes del hierro contra el yunque (p. 133).

> El silencio con su larga campana volvió a llenar el cuarto (p. 134).

Además de prestar cierta belleza estilística a la expresión misma, esta técnica contrastadora sirve para señalar el valor negativo del silencio dentro del contexto.

El sonido puede indicar igualmente la desgracia, y hasta se emplea para anunciar algún suceso adverso:

> En el ciprés una lechuza, un pájaro de mal agüero, dejaba oír su silbo misterioso (p. 119).
>
> ... aquel mal aire traidor... Chirriaba en la ventana con su quejido (p. 138).
>
> [La muerte de la madre imaginada] ... los muebles nos asustan con su crujir... (p. 140).
>
> [La muerte realizada] Di la vuelta para marchar. El suelo crujía (p. 193).

Así, estas imágenes, como tantas otras de la novela, intensifican la impresión principal de desgracia e infortunio que el autor espera estampar en el lector. Por otra parte, las sensaciones logran caracterizar a Pascual y definir su mundo en virtud del papel preponderante que tienen, además de la frecuencia con que se las emplea, especialmente dentro de las numerosas imágenes que las apoyan y exaltan. Por lo tanto, podemos decir que lo físico, mucho más que lo intelectual, determina lo que ha de suceder en la novela y, en consecuencia, las acciones y las reacciones de los personajes quedan casi reducidas al nivel puramente instintivo.

UNA CARACTERIZACIÓN DE PASCUAL DUARTE A TRAVÉS DE LA IMAGINERÍA

Como se ha visto, la imaginería cumple una multitud de funciones dentro de la novela. Según el caso, añade más informes de una manera muy concisa, destaca ciertos valores esenciales, y lo que es más importante aún, tiene el poder de despertar ciertas emociones en el lector para que éste participe más en los sucesos del relato. Desde el punto de vista, pues, tanto del autor como del crítico, la imaginería representa un buen recurso para reforzar el significado de la obra.

Pero hay más: la imaginería de *La familia de Pascual Duarte* es útil para caracterizar al protagonista según su rango en la sociedad, y lo hace en virtud del tipo de narración empleado. Puesto que a Pascual le es dado el poder de relatar su propia vida, cualquier imagen que utilice se refleja indirectamente sobre él mismo. No intentamos detenernos aquí en las reacciones de repulsión y compasión que tales imágenes provocan, ni en las razones por las que tal o cual imagen se emplea; esto se examina en el tercer capítulo del presente estudio. Más bien queremos destacar determinadas características de las imágenes utilizadas que sirven para fijar el tipo de persona que estamos analizando.

Por lo general, la imagen se comunica por medio de un símil sencillo que va muy bien con un hombre vulgar. Hay, en realidad, un sinfín de cuasi-símiles que contienen el nexo «como», pero éstos apenas evocan imágenes, verbigracia: «lo escuchaba como embobado» (pp. 153-154) o «Lola estaba como traspasada» (p. 156). Parece que en tales casos el narrador casi quiere mostrar que se da cuenta de que las condiciones no son exactamente tal como las describen los adjetivos, sino una aproximación y, para decir las cosas claramente, hace uso de este «como» que, diríase, sale sobrando. Además, puede indicar cierta timidez y cautela por parte de Pascual de asumir lo que puede ser un comentario arrebatado. Sea como fuere, el empleo del «como» sobrante contribuye a la autenticidad de lo que debe ser el habla del pueblo. Es más, se nota que un buen número de las imágenes son de naturaleza popular o, por lo menos, carecen de carácter formal desde el punto de vista literario:

> [Don Conrado] ... me soltó un sermón... y cuando terminó y como fin de fiesta, me entregó veinticinco pesetas... (p. 174).
>
> [Rosario] ... nos tiraba con algún chaleco, que aunque nos venía tan justo y recibido como faja por vientre satisfecho... (pp. 77-78).
>
> ... si Zacarías... no se hubiese metido en camisas de once varas, entonces se hubiera ahorrado... el servir para anunciar la lluvia a los vecinos con sus tres cicatrices (p. 116).

Tales expresiones, entre otras cosas, nos entretienen con su ingenuidad y naturalidad y encajan muy bien dentro del ambiente creado en el relato, que es el del lenguaje hablado y vivo en vez de un lenguaje pulido y de tipo literario. Hay igualmente otras imágenes que aun cuando suelen compartir estas características, contienen también una sugestión de costumbrismo y, muchas veces, una buena dosis de rusticidad:

> ... un regato... cochino y maloliente como tropa de gitanos... (p. 62).
>
> [Padre] ... venía borracho como una bota... (p. 72).
>
> [Mario] ... con la cicatriz más morada y miserable que cómico en cuaresma... (p. 88).

Pascual resulta más interesante y acaso menos ficticio al hacer uso de unas expresiones de falsa erudición mezcladas con su lenguaje típico:

... pero nunca hice de esto cuestión de gabinete (p. 68).

[Rosario] ... volvió a hacer el pirata la muy zorra... y sin más reverencias, y como a la francesa, volvió a levantar el vuelo... (p. 77).

Como dice muy bien Alonso Zamora Vicente, tales frases «retratan muy bien el ruralismo de Pascual Duarte: son... lugares comunes del mal léxico de los periódicos, o de las personas semieruditas de los pueblos, a los que, espontáneamente, ciegamente, tiende a imitar el rústico sano y sin cultura, creyendo que así se pule su lenguaje» [5].

Asimismo hay un buen número de refranes o dichos del pueblo que definen aún más a Pascual como hombre rústico. Estos decires producen imágenes de tono menor, ya que aunque no puede decirse que tengan una novedad absoluta, tampoco han llegado a ser lexicalizados por completo, pues todavía son capaces de provocar una reacción en el lector basada en una semejanza percibida entre el decir y el contexto en que se emplea. De todos modos, además de su valor expresivo, tales dichos prestan un sabor de sabiduría primitiva a los giros con que se relacionan y contribuyen en buen grado al pintoresquismo de la obra.

... como el cántaro que mucho va a la fuente acaba por romperse... (p. 67).

[5] *Camilo José Cela: acercamiento a un escritor*, p. 194.

El pez muere por la boca, dicen, y dicen también que
quien mucho habla mucho yerra, y que en boca cerrada
no entran moscas... (pp. 115-116).

A veces el autor utiliza uno de estos decires vulgares
para lograr mayor efecto y enriquecer la prosa, pero sin
salirse del nivel rústico:

... pensé que mayor prudencia sería el no meter los perros
en danza, que ya por sí solos danzaban más de lo conveniente... (p. 66).

Dentro de casi todas las imágenes se aprecian ciertas
características que sugieren la rusticidad del narrador-
protagonista. Los vehículos empleados son casi sin ex-
cepción del mundo concreto:

No sé por qué, hasta entonces, se me había ocurrido ima-
ginar a *los niños pequeños blancos como la leche,* pero de
lo que sí me recuerdo es de la mala impresión que me
dio *mi hermanilla* cuando la vi *pegajosa y colorada como
un cangrejo cocido...* (p. 73).

La sangre me calentaba *las orejas,* que se me pusieron
*rojas como brasas; los ojos me escocían como si tuvieran
jabón...* (p. 101).

Eran tres los perrillos... *los tres pegajosos como la almí-
bar, los tres grises y medio sarnosos como ratas* (p. 124).
[El énfasis es nuestro].

Para retratar más clara y vívidamente la vida que le rodea, Pascual escoge su materia del mundo animal o
inanimado (la deshumanización), y tal materia es ca-
racterísticamente del tipo fácilmente asequible dentro
del propio ambiente. La naturaleza figura también en

las percepciones del narrador, aparte de ciertos elementos que pertenecen igualmente a la vida campestre:

... los gritos de mi madre arreciaban como el vendaval... (p. 72).

En la alcoba, el quejido del niño semejaba el llanto de las encinas pasadas por el viento (p. 129).

... su mata de pelo [de la Lola]... tal era su suavidad y su aroma: como a sol, y a tomillo, y a las frías gotitas de sudor que por el bozo le aparecían al sofocarse... (p. 93).

Puesto que la vida de Pascual está al margen de lo puramente instintivo, no nos debe extrañar que esté descrita en términos físicamente concretos. Sin embargo, hay ocasiones en que Pascual recurre al mundo abstracto para explicar su existencia (algún mal aire, el destino, Dios), porque carece de la habilidad para penetrar las verdaderas complejidades que se le presentan. Así, se inclina a la superstición y las fuerzas misteriosas, pero dado que lo abstracto está igualmente fuera de su comprensión, acaba por describirlo mediante términos concretos (la personificación). Todo esto ayuda a configurar a Pascual como un rústico primitivo, un hombre muy de su ambiente.

A veces sucede que una imagen pone de manifiesto la evidente simplicidad del protagonista: «... don Manuel con su vestidura blanca sobre la sotana, que parecía como un peinador...» (p. 92). En este caso es obvio que Pascual no ve más allá de la cosa física. No percibe el significado simbólico de tales vestiduras, y de allí surge la comparación ingenua. Pero precisamente en esta ingenuidad estriba también en buena medida lo grotesco que vislumbramos en el relato. El narrador registra en sus

cuartillas lo que siente o advierte de momento, sin mira-
mientos por la propiedad de sus reflexiones. De esta manera, se crea en la obra una compenetración de vida y
muerte, y con ella, lo escatológico, lo tremendo, lo espe-
luznante.

Las más de las veces el habla del narrador —y desde
luego la imaginería— es, como ya la hemos descrito y
como la describe el mismo Cela, «un tanto ingenua y des-
garrada, y no menos popular que elemental» [6]. Pero este
mismo lenguaje apunta una de las razones por la que el
autor Cela dio rienda suelta a su protagonista, dotán-
dole de tales poderes creadores. Si Pascual ha recibido
la licencia para decir las cosas como quiere, también ha
sido investido con la responsabilidad de sus palabras,
o tomándolo desde un punto de vista ligeramente diferente, el del mismo Cela: «A mi desdichado Pascual
Duarte, le hago decir cosas que, ciertamente, a mí me
daría cierto rubor decirlas» [7]. Debido a su gran talento
respecto al habla popular, Cela hace que consideremos
muchas de las imágenes vulgares y de veras grotescas,
pero no por ello menos diestramente usadas, como fruto
de la mente de un rudo campesino:

> [Mario] ... un hilillo de aceite le caía de la boca como
> una hebra de oro que estuviera devanando con el vien-
> tre... (p. 89).

> [El Estirao] La carne del pecho hacía el mismo ruido que
> si estuviera en el asador... (p. 168).

---

[6] «Palabras ocasionales», *Obra completa de C. J. C.*, tomo I
(Barcelona: Ediciones Destino, 1962), p. 583.
[7] «Estética en la novela de Miguel de Unamuno», *Mesa revuelta*
(Madrid: Taurus Ediciones, S. A., 1957), p. 94.

Pero, a fin de cuentas, Cela, «en punto de lenguaje, es vulgarista y es cultista a la vez» [8]. Al combinar los dos elementos, moldea una obra de arte en vez de quedarse en mero documental de un desgraciado. Cela hace uso del habla rústica y de las imágenes vulgares para que el lector participe más en los sucesos del relato. Según él, la obra debe ser una representación bastante creíble, aunque no exacta, de la vida fuera del contexto novelesco [9]. Pero, al mismo tiempo, Cela moldea la materia utilizada para profundizar el significado del mundo que nos presenta. Al mezclar hábilmente lo rudo y lo refinado, el autor evita una prosa llana, y logra mantenernos en un constante estado de choque, en una situación disonante, lo cual es característica sobresaliente de toda la obra.

Muchas veces Pascual demuestra más penetración y mayor complejidad de lo que se esperaría, como en esta imagen de la tormenta:

> Para nada nos vale el apretar el paso al vernos sorprendidos en el medio de la llanura por la tormenta. Nos mojamos lo mismo y nos fatigamos mucho más. Las centellas nos azaran, el ruido de los truenos nos destempla y nuestra sangre, como incomodada, nos golpea las sienes y la garganta (p. 137).

Sin embargo, hay que tener en cuenta que la verosimilitud del protagonista con respecto a esto no es siempre

---

[8] GUILLERMO DE TORRE, «Vagabundeos críticos por el mundo de Cela», *Revista Hispánica Moderna*, XXVIII (1962), p. 164.

[9] Vid.: CAMILO JOSÉ CELA, «Algunas notas de circunstancias: primeros escarceos biográficos y estéticos», *La obra completa de C. J. C.*, tomo I, pp. 534-535.

necesaria, ni siquiera deseable. A diferencia de algunos críticos que interpretan esta discrepancia como un defecto [10], consideramos la falta de verosimilitud, en muchos casos, como algo esencial para elevar el relato al nivel literario y, sobre todo, para mantener el interés y entusiasmo del lector. Dado que el mundo de Pascual Duarte tiene una buena dosis de disonancia, el estilo utilizado debe tenerla también. Si no fuera por esos momentos más profundos y complejos, se podría entender y explicar cabalmente a Pascual y su condición sin más ni más, pero al mismo tiempo el retrato sería insípido e insignificante. Por otra parte, si Cela hubiera narrado los sucesos en vez de Pascual, habríamos perdido tanto la oportunidad de vislumbrar de primera mano al protagonista como la ventaja de entrar en su mundo guiados por las percepciones toscas pero sinceras del desgraciado. El mundo literario y el mundo vulgar se encuentran diestramente unidos por un autor que se muestra cada vez más singular, y esta analgama literaria resulta enormemente emocionante.

---

[10] PAUL ILIE, *La novelística de C. J. C.,* pp. 38-39.

Capítulo III

LA IMAGEN DEL PROPIO SER

La familia de Pascual Duarte es una obra que no puede menos de conmover al lector. Las atrocidades, relatadas sin ambages, despiertan mucha repugnancia y sirven muy a menudo para envilecer al mismo Pascual. La repulsión que sentimos para con el protagonista es ciertamente comprensible y, en realidad, justificable dado el hecho de que él es reconocido autor de tantas repulsivas acciones. Mas al mismo tiempo experimentamos una especie de compasión hacia este desgraciado, una cierta atracción innegable hacia Pascual y sus circunstancias, y hasta nos sorprendemos ayudándole a buscar razones para justificar sus delitos. Esta doble reacción incompatible hace difícil el entendimiento o la formulación de un dictamen del personaje y su vida ya que nos hallamos saltando de una actitud a la otra sin saber precisamente por qué. En verdad, esta ambivalente impresión tiene sus raíces en el mismo Pascual; es decir, que nuestras reacciones dependen de cómo el protagonista se ve a sí mismo y cómo se nos revela a través del relato. He aquí una posible clave de la novela que explique nuestros sentimientos y que nos lleve más al fondo del significado de toda la obra.

Antes de tratar de descifrar a ese Pascual Duarte, es preciso reconocer que existen efectivamente dos Pascuales, o sea, dos «yoes» coexistentes dentro del mismo protagonista [1]. Hay el Pascual social que tiene que contar con la sociedad que le rodea. Esta sociedad le sirve inevitablemente de espejo para juzgar sus acciones y formarse un retrato de sí mismo. Hay, además, el Pascual instintivo, que recurre a una primitiva, pero no menos sincera, norma de justicia que sirve de base a una visión más benévola de su persona. Estos dos Pascuales luchan entre sí por imponerse, y surgen alternadamente a través de los comentarios aparentemente contradictorios del protagonista. En realidad éste no se da completa cuenta de la existencia de estos dos polos de su psiquis aunque sí siente los efectos y acaba por juzgarse en medio de los dos. En un momento de posible lucidez, alude a la presencia de estas dos facciones de su ser mediante una imagen física que representa el estado mental que experimenta:

> Quería poner tierra entre mi sombra y yo, entre mi nombre y mi recuerdo y yo, entre mis mismos cueros y mí mismo, este mí mismo del que, de quitarle la sombra y el recuerdo, los nombres y los cueros, tan poco quedaría (p. 187).

---

[1] Hemos decidido destacar sólo dos «yoes» para examinar la enigmática personalidad de Pascual, puesto que intentamos analizar al protagonista en relación con la sociedad en que le toca vivir. Bien se nos alcanza que el complejo de la personalidad humana puede extenderse a más de dos «yoes»; sin embargo, tal rigurosa segmentación nos conduciría a consideraciones más filosóficas que textualmente clarificativas.

Este «mí mismo» es, según el modo de ver de Pascual, la parte fundamentalmente buena que en este caso sufre una atenuación debido al penetrante sentimiento de culpabilidad y vergüenza que experimenta de momento. «La sombra», «el recuerdo», «los nombres» y «los cueros» son todos indicios de la vida que lleva, una vida juzgada mala a fuerza de los dictados sociales y, por lo tanto, los dictados de su propia conciencia. La expresión «poner tierra» entre tal o cual cosa se halla sostenida aquí, a través de tres párrafos, mediante un procedimiento reiterativo (pp. 186-187); después de explicar su sentido literal, Pascual juega con la frase hasta que alcanza el sentido figurado que notamos en la cita previa. Al colocar la expresión en un contexto literal y concretamente elaborado, que es el de la separación de Pascual y su mujer de la madre de éste, y luego emplearla metafóricamente para representar el deseo de separar las dos partes del propio ser, el narrador refleja la idea de esta división mental que le trastorna y se la presenta al lector. En otras palabras, este paso del estado concreto al abstracto sirve para aumentar el valor expresivo de éste, puesto que aquél es apenas un mero pretexto empleado para que los sentimientos y actitudes del protagonista salgan con más brío y mayor significado.

La técnica de utilizar una cosa concreta para explicar algo abstracto, o aun otra cosa concreta, está presente en todo el relato. Hasta los mismos estados mentales del protagonista suelen describirse concretamente mediante la personificación y también mediante términos relacionados con las experiencias corporales: «Un golpe de azada en la cabeza no me hubiera dejado en aquel momento

más aplanado que las palabras de Lola» (p. 129), o
«Aquel día se me clavó una espina en un costado que
todavía tengo clavada» (p. 80). (Esta última expresión
parece bastante trillada, pero se rejuvenece al ser sostenida la metáfora hasta el final del capítulo.) Casi nunca
se emplea una idea abstracta para incrementar el valor
de algo concreto, aunque esto sí es un recurso evidentemente posible. La imaginería moderna suele tener
como objeto el expresar una idea de una manera más
amplia, intensa, concisa y emocional; no se emplea simplemente para añadir cierto atractivo o embellecimiento
a un giro, aunque puede muy bien hacerlo incidental-
mente. De suerte que lo abstracto como apoyo de lo
concreto es de muy poco uso, siendo las más de las veces
demasiado poético y poco ilustrativo para las exigencias
de una prosa que lucha por expresarse más que por en-
tretener.

El Pascual bueno

El Pascual que se considera bueno a fuerza de una íntima
convicción particular se manifiesta muy a menudo, y
desde el principio de la novela se hace sentir di-
recta y fuertemente: «Yo, señor, no soy malo, aunque
no me faltarían motivos para serlo» (p. 57). Este dictamen se verifica en otros dos casos en vista de que mediante un cambio de palabras otros personajes sirven
para confirmarlo:

[Pascual] —Nunca había pensado que era un hombre
maldito.

[Rosario] —No lo eres...   (p. 138).

[Lola]   —Eres muy bueno, Pascual.
[Pascual]   —Sí; mejor de lo que tú crees.   (p. 159).

Las mujeres tendrán sus motivos para hablar así. Rosario, por un cariño fraternal, tratará de aliviar la ansiedad de su hermano y devolverle la confianza en sí mismo. Por otra parte, Lola siente gratitud porque su esposo acaba de decirle que no tiene que sufrir otro aborto y, como es natural, se esfuerza por lisonjearle. Puede ser también que se dé cuenta de que Pascual le preguntará al momento el nombre de su seductor, y por miedo le trata cariñosamente. Cualesquiera que sean las razones, no cabe duda de que estas dos situaciones tienen como objeto el subrayar esa bondad que Pascual considera tan propia de él.

A través de toda la narración, Pascual se preocupa por presentar este bondadoso lado suyo. Si es un hombre que no puede menos de matar una y otra vez, también es un hombre sincero y humano que se esfuerza por destacarnos estas virtudes. En muchos casos sale mejor que sus conciudadanos en virtud de un comentario oportuno que demuestra su buen sentido de las cosas:

> Como la pobre [la madre] nunca fue un modelo de virtudes ni de dignidades y como no sabía sufrir y callar, como yo, lo resolvía todo a gritos (p. 71).

> Mi madre tampoco lloró la muerte de su hijo... De mí puedo decir, y no me avergüenzo de ello, que sí lloré... (p. 89).

> No está bien reírse de la desgracia del prójimo [como hace la Lola]... Por otra parte... nunca está de más el ser humanitario (p. 110).

... decidí retornar al pueblo por no parecerme cosa de hombres prudentes el agotar el monedero hasta el último ochavo (p. 114).

Es evidente que Pascual se pone en un nivel superior al de su familia, y aun dentro de estas breves citas se puede distinguir un atisbo del sentimiento de amor propio que le penetra, del cual hablaremos más tarde. En la primera cita se nota el uso del epíteto «pobre» que debe de reflejar cierta compasión por parte de Pascual. Esta sensibilidad respecto de los sufrimientos del prójimo es todavía más evidente en el caso de Mario. Le asigna a éste ciertos epítetos y nombres cariñosos que usa con bastante frecuencia: el infeliz, el inocente, el pobre, el chiquillo, la criatura. Ciertamente, Pascual puede muy bien permitirse el lujo de mostrarse caritativo, especialmente aquí, puesto que el hermano tonto no representa ninguna amenaza a su propio interés.

A veces el protagonista se compromete al dejar que se deslicen unos comentarios de naturaleza confesional, pero éstos sirven, al fin y al cabo, para mostrar su sinceridad y, en efecto, le caracterizan como más bondadoso que si hubiera hablado abiertamente de cualquier virtud suya:

[El Estirao] ... prefería no trabajar, cosa que si me parece mal, no sé si será porque yo nunca tuve ocasión de hacer (p. 78).

Es de notar que estas concesiones se utilizan también para acentuar el mayor grado de desgracia o fealdad que sufre otra persona, lo cual es más evidente en el siguiente ejemplo:

[Mario] ... tan sucio que aun a mí que, ¿para qué mentir?, nunca me lavé demasiado, llegaba a darme repugnancia (p. 86).

No obstante la compasión y la sinceridad que demuestra por su bien, Pascual todavía tiene que dar cuenta de una serie de hechos poco dignos de alabanza, señaladamente los asesinatos perpetrados por él. Mas el «Pascual bueno» tiene a mano un buen número de recursos —o disculpas, si se prefiere— que logran apoyar y confirmar la benévola imagen de su persona que va desarrollándose a lo largo de la novela. La imaginería desempeña un papel importantísimo a este respecto, y si bien ya hemos investigado en algunas ideas pertinentes, precisan éstas, y varias otras, de una indagación más detenida en la medida que se relacionan con la imagen que tiene Pascual de sí mismo. Lo que sí hemos tratado en extenso (el primer capítulo) es el efecto de las imágenes deshumanizadoras, las cuales logran poner de relieve la vileza de los demás personajes y, en virtud de su diestra manipulación, el desgraciado estado del pobre Pascual, por lo cual no procede más que mencionarlas de paso.

Cuando va armado de una buena opinión respecto a su propio ser, Pascual claramente se considera superior a los demás. Por consiguiente, hace una marcada distinción entre sus prójimos y él mismo. En el caso de aquéllos, la maldad surge del propio ser, y ellos son, en definitiva, gente mala. Por eso el narrador se ocupa tanto de describirlos con una intensidad abrumadora [2].

---

[2] Aun en el caso de esos personajes que, en realidad, no figuran en los principales sucesos de la obra, Pascual se esfuerza por des-

Por otra parte, Pascual se esfuerza en mostrar que son efectivamente estos otros los que le corrompen con su vileza, los que siembran en tierra virgen para producir un criminal. El mismo título de la obra sugiere esto, ya que no es simplemente *Pascual Duarte,* sino *La familia de Pascual Duarte,* es decir, en sentido más amplio, toda esa sociedad que le afecta; y, según la interpretación de un desgraciado lleno de amor propio, una sociedad cuyos efectos le son adversos. Las condiciones poco prometedoras de su vida, que describe especialmente las de su juventud, parecen subrayadas para dar pábulo a la

---

tacar cierta falta de sinceridad y bondad inherente a ellos para mantener su propio sentimiento de superioridad: «... las viejas con sus lloros y sus lamentos, que mismo parecía a quienes las viese que todas juntas eran las madres de lo que iba encerrado camino de la tierra» (p. 92), «en cuanto la llamé galán y le metí seis pesetas en la mano se marchó más veloz que una centella y más alegre que unas castañuelas, y pidiéndole a Dios —por seguro lo tengo— ver en su vida muchas veces a la abuela entre las patas de los caballos» (p. 113). A decir verdad, el protagonista manifiesta bastante amargura y un buen grado de cinismo para con sus prójimos, no obstante la supuesta certidumbre de sus observaciones registrada parentéticamente en el segundo ejemplo. Sin embargo, tal actitud es comprensible en vista de la mucha maldad que desde niño ha sido parte de su ambiente. Es curioso que en lo tocante a los demás, Pascual relata los hechos tal como los ve, y juzga a la gente en conformidad, mientras que en su propio caso, se aprovecha de todo tipo de disculpas y atenuación. Claro está que por ser narrador tiene la ventaja de presentar los hechos como quiera, pero, más fundamentalmente, este modo de narrar tiene que ver con su gran necesidad de elevarse a sí mismo y envilecer al prójimo ante el lector. Se verá, por ejemplo, el efecto deshumanizado del «lo que» empleado en la primera cita. Al reducir a su hermano hasta un nivel neutro, «lo», Pascual logra contrastar aún más el dolor de las mujeres y la causa de sus lamentos, y así acentúa de una manera irónica la ridiculez de aquéllas.

declaración de don Manuel de que Pascual es «talmente como una rosa en un estercolero» (p. 84). Pero esta rosa no pudo evitar el parentesco que le esperaba,

> Se llevaban mal mis padres; a su poca educación se unía su escasez de virtudes y su falta de conformidad con lo que Dios les mandaba —defectos todos ellos que para mi desgracia hube de heredar— y esto hacía que se cuidaran bien poco de pensar los principios y refrenar los instintos... (p. 68).

ni puede sacudirse el lastre de un ambiente perverso que le contamina:

> ... es que uno está atado a la costumbre como el asno al ronzal (p. 158).

> ... el mundo es como es y el querer avanzar contra corriente no es sino vano intento (p. 158).

Así, el hombre, a pesar de sí mismo, llega a reflejar ciertos vicios que, de todos modos, no son de su propia hechura. Con todo, aún puede proteger la imagen de su bondad fundamental ya que, por medio de estos comentarios y muchos otros semejantes, queda como una víctima.

A veces sucede que lo que tiene un efecto adverso sobre Pascual es un poder bien intencionado que, no obstante, resulta ser, según el desgraciado, la causa de sus nuevos actos de violencia. Este es señaladamente el caso en lo tocante al penal:

> ... me soltaron; me abrieron las puertas, me dejaron indefenso ante todo lo malo (p. 170).

> Y se reía, gozoso de poder darme la noticia, contento de poder ponerme de patas en la calle (p. 173).

A pesar del disgusto que experimentó en el penal, Pascual llega a considerarlo, mirando hacia atrás, como un asilo que le protegía de la penetrante maldad de la vida. Así, al «ponerle de patas en la calle», al quitarle el abrigo de la celda, los funcionarios tomaron por su cuenta todo lo malo que el pobre había de realizar en adelante. Dada la actitud del protagonista, podemos concordar con Domingo Pérez Minik cuando dice que «Pascual Duarte es uno de los personajes literarios que más han sentido eso de que ser libre es una condenación» [3].

En el caso de todas las malas acciones reconocidamente cometidas por nuestro desvalido, se destacan ciertos detalles que disminuyen su culpabilidad, sean éstos la ruindad de una madre que le atormenta, la mofa y chulería de un rufián que efectivamente pide que lo mate, y hasta la mirada de una perra que aparentemente le condena por algo fuera de su control. Además, aunque Pascual ha destacado muchas veces de antemano la vileza de sus atormentadores y la necesidad de quitarles la vida, se esfuerza por mostrar cierta vacilación y renuencia cuando efectivamente llega el momento de cometer los delitos. En el caso de la Chispa, el protagonista declara que «se veía llegar el momento en que tuviese que entregarme» (p. 65). El verbo «entregar» ya de por sí sugiere la idea de una previa lucha interior y, por lo tanto, cierta falta de voluntad para matar de un tiro al animal. Esta falta de voluntad se hace más patente en el caso del Estirao (pp. 167-168), cuando Pascual trata de refrenarse debido a la palabra dada a su mujer

---

[3] *Novelistas españoles de los siglos XIX y XX* (Madrid: Ediciones Guadarrama, S. L., 1957), p. 268.

ya difunta. No obstante, acaba por entregarse una vez más cuando el Estirao le destroza con su gran chulería. Aun en el caso de su madre, esa madre que, desde el punto de vista de Pascual, tiene que ser muerta para que él pueda salvarse —«Era ya una cuestión de amor propio» (p. 190)—, el pobre vacila mucho y se halla incapaz de acabar con el asesinato:

> Momento llegó a haber en que estaba de pie y como dormido, con el cuchillo en la mano, como la imagen del crimen... llevaba una hora larga al lado de ella, como guardándola, como velando su sueño (p. 192).

Los símiles contenidos en estas glosas acentúan los dos lados de su conflicto interior. «Como la imagen del crimen» sirve para fijar de una manera vívida y grotesca el delito que está pronto para realizar. Por otra parte, «como guardándola» y «como velando su sueño» aluden a un Pascual benévolo, y destacan esa resistencia suya al crimen. Pero, de todos modos, estos dos últimos símiles resultan chocantes y bastante grotescos a fuerza tanto de su sentido exagerado como del contexto en que se emplean.

En todo caso, Pascual tiene todavía otro recurso para disculparse y proteger la idea de su inocencia fundamental. Después de tanto dudar y ya al punto de marcharse sin hacer nada, el suelo cruje y la madre se despierta. Ya no hay remedio y Pascual tiene que ejecutar el acto. Así, lo que precipita el crimen es algo fuera del control del desgraciado; no es Pascual, sino, de hecho, las circunstancias las que causan la muerte de su madre. Según nuestro modo de ver, esta renuncia ampliamente observada en el protagonista invalida las aseveraciones de

Mary Ann Beck, crítico que ha atacado vigorosamente
la idea de ser Pascual una víctima de sus circunstancias:
«... se nota en él *una voluntad* continua de destruir...».
«... no le mueve ni la razón ni la inteligencia, sino que,
al contrario, *se deja llevar* de su condición instintiva y
elemental», «... Pascual no reviste la dignidad trágica
que el Dr. Marañón le atribuye porque *no lucha* para
dominar ni comprender su propia naturaleza». [El énfasis es nuestro]. Aun en el caso de la Chispa, la señorita Beck sigue con su rígido punto de vista al destacar
en el texto ciertas palabras que, según ella, confirman
su propio dictamen; pero elude la palabra clave «entregar», que, a nuestro parecer, es más indicativa de la
verdadera situación: «Pascual, movido por un impulso
irracional, se ha abandonado a él sin hacer el menor esfuerzo por dominarlo ('la escopeta... *se dejaba acariciar*';
'*se veía* llegar el momento en que tuviese que entregarme')» [4]. En verdad, la discrepancia entre estas dos interpretaciones estriba en los distintos enfoques utilizados.
Mary Ann Beck se ocupa más de las acciones patentes
de Pascual, en tanto que nosotros señalamos todo un
mundo psicológico, de lucha interior, que el mismo Pascual sugiere, pero muy encubiertamente. El correlato de
volición-resistencia empleado por el narrador puede enten-
derse, pues, en dos niveles, exterior e interior, y de allí
se descubre la ambigüedad de sus palabras, ambigüedad
que penetra todo el relato de Pascual Duarte.

Según el raciocinio del Pascual que se ve como un
inocente, todos los hechos de mérito que realiza surgen

---

[4] «Nuevo encuentro con *La familia de Pascual Duarte*», *Revista
Hispánica Moderna*, XXX (1964), pp. 284, 285, 287, nota 290.

de su propio ser mientras que las atrocidades que comete son fundamentalmente el resultado de unas fuerzas ajenas que le explotan para satisfacer sus malos designios: «... las pocas veces que en esta vida se me ocurrió no portarme demasiado mal, esa fatalidad... torció y dispuso las cosas...» (p. 169). En realidad, no son muchas las hazañas meritorias de su vida; un momento de ternura (p. 101), un acto caritativo (p. 110) o una manifestación de paciencia y fineza (p. 133) no son suficientes para igualarse a la fealdad que se muestra por todas partes. Siendo así, el protagonista cuenta con una amplia presentación de las fuerzas ajenas tanto para asegurarse de su propia bondad fundamental como para demostrarla al lector. Algunas de estas fuerzas son el destino, lo sobrenatural y las emociones, todas personificadas para lograr mayor efecto. Esta técnica se ha expuesto bastante detenidamente en el primer capítulo, pero conviene examinarla algo más en lo relacionado a la imagen bondadosa que tiene Pascual de sí mismo.

Las desgracias que experimenta el protagonista a lo largo de su vida suelen ser explicadas por estas fuerzas evasivas que se emplean alternadamente, según la conveniencia. En esta categoría caben el destino, la mala estrella, algún mal aire, Dios, y a veces el diablo. Su utilidad se ve en el hecho de que hacen de Pascual una víctima que merece nuestra simpatía. Pero el desgraciado tiene mayor necesidad de simpatía en el caso de los asesinatos, y por eso recurre de nuevo a la técnica de la personificación, esta vez al separarse de sus emociones e infundirles vida. Este es notablemente el caso con respecto a su preparación psicológica antes de la muerte de la madre, aunque también existe, por lo menos implícitamente, en lo referente a los otros asesinatos [5].

> La conciencia no me remordería; no habría motivo. La conciencia sólo remuerde de las injusticias cometidas: de apalear a un niño, de derribar una golondrina... Pero de aquellos actos a los que nos conduce el odio, a los que vamos como adormecidos por una idea que nos obsesiona, no tenemos que arrepentirnos jamás, jamás nos remuerde la conciencia (p. 190).

Este comentario es, ciertamente, un esfuerzo por parte de Pascual tanto de asegurarse a sí mismo como a nosotros que el asesinato de su madre es un hecho necesario y justificable. (Consideraremos más tarde si Pascual siente el remorder de su conciencia.) Digna de atención en esta cita es la frase «de derribar una golondrina», un recurso estilístico de mucha expresividad. Nos choca ver incluido este tipo de hecho designado como injusticia, especialmente al ser yuxtapuesto a un hecho que, desde nuestro punto de vista, es muchísimo más injustificable, por no decir nada del contexto entero que trata del parricidio. La posición que tiene la frase en el contexto explica parte del choque que ocasiona, puesto que al leer «injusticias cometidas», el lector cuenta con una enumeración de verdaderos hechos malignos —lo cual ocurre en el caso de la primera injusticia mencionada («de apalear a un niño»)—, pero de repente sale la segunda («de derribar una golondrina»), un acto que dista mucho de la gravedad de aquél, pero que resulta considerado, de todos modos, igual. Esta incongruencia, esta disonancia es

---

[5] Véanse otros ejemplos de las emociones personificadas en la página 60 del presente estudio.

ya una parte consustancial del mundo pascualiano, y aquí, como en muchos otros casos, parece como si el autor Cela estuviera jugando con nuestra sensibilidad al utilizar con frecuencia la ironía para caracterizar a su pobre criatura. Sin embargo, esta ironía existe sólo cuando consideramos a Pascual desde la elevada posición de su creador o desde nuestro propio punto de vista, el cual comprende actitudes y percepciones muy desemejantes a las del protagonista. Al adentrarnos en su mundo, tal incongruencia desaparece, y en su lugar se trasluce otra dimensión de la personalidad primitiva de Pascual: la falta de discriminación entre ser humano y animal. No importa cuál sea: según Pascual, si es malo, merece castigarse; si es bueno, debe dejarse en paz.

En la segunda parte del comentario citado, percibimos un ejemplo de la técnica personificadora. El odio es una cualidad negativa que se reflejaría desfavorablemente sobre Pascual. En vista de esto, el narrador lo echa de sí, concediéndole una existencia distinta, pero manteniéndole su valor negativo. Así, Pascual resulta ser un mero instrumento que no tiene por qué responsabilizarse de los hechos perpetrados por un ente malvado. Pero esto no es en sí suficiente para un hombre lleno de amor propio. Para destacar más su bondad fundamental, tiene que demostrar una tentativa de lucha contra esas fuerzas destructoras, tiene que tratar de ahuyentarlas. De aquí la vacilación y resistencia que experimenta Pascual, especialmente antes del asesinato de su madre, de lo cual hemos tratado anteriormente. Sin embargo, conviene destacar un ejemplo más en el cual esta lucha queda patente:

> Estoy por asegurar que mi madre hubiera preferido no verme. Los odios de otros tiempos parecían como querer volver a hacer presa en mí. Yo trataba de ahuyentarlos, de echarlos a un lado (p. 179).

Aunque nunca logra apoderarse de dichas fuerzas, Pascual puede satisfacerse con el esfuerzo que ha hecho. Además, al perder la batalla entablada contra las emociones y los malos pensamientos, todavía puede gozar de la simpatía que despierta como víctima.

En verdad, toda la vida de Pascual puede considerarse como una batalla, vistos los numerosos combates que libra a través de su existencia. La imaginería confirma esa perspectiva, ya que muchos de los sucesos del relato se describen mediante términos guerreros. Los padres de Pascual solían decirse algunas palabras ruines y agresivas como preludio de la bronca que dentro de poco «ya estaba armada» (p. 69). Pero el padre tenía una idea de la importancia de mejorarse y por eso aconsejó a su hijo que «la lucha por la vida era muy dura y que había que irse preparando para hacerla frente con las únicas armas con las que podíamos dominarla, con las armas de la inteligencia» (p. 70). Sin embargo, Pascual no hizo caso de estos consejos y se halló metido en un altercado con el Estirao. Rosario «salió por defender» a su hermano, pero no sirvió de nada. El desgraciado nos dice que el Estirao «me había ganado a mí que fue la única pelea que perdí por no irme a mi terreno» (p. 81). El señor Rafael era más afortunado, ya que con la muerte del padre podía entrar y salir por la casa «como por terreno conquistado» (p. 87). Pero Pascual nunca lleva tanta suerte y, por consiguiente, al reflexionar sobre su liberación del penal, nota que cuando le dijeron «vuelve a la lucha, vuelve a la vida», le dejaron «indefenso ante todo lo malo» (p. 170). De manera que de la lucha que es su existencia, Pascual siempre sale como perdedor y desde luego como víctima, por no tener con qué defenderse.

La idea de ser víctima se hace más patente mediante la imagen del hundimiento. He aquí una manera concreta y gráfica de describir ese sentimiento interior de ansiedad y conflicto que experimenta Pascual:

> Yo hacía esfuerzos en mi interior por mostrarme amable y decidor, pero no lo conseguía; estaba como entontecido, como aplastado por un peso que me ahogaba... (p. 183).

> ... estamos ya minados por el mal; ya no hay solución, ya no hay arreglo posible. Empezamos a caer, vertiginosamente ya, para no volvernos a levantar en vida. Quizás para levantarnos un poco a última hora, antes de caer de cabeza hasta el infierno... (pp. 188-189).

> Estaba metido como en un lodazal donde me fuese hundiendo, poco a poco, sin remedio posible, sin salida posible. El barro me llegaba ya hasta el cuello. Iba a morir ahogado como un gato... (p. 193).

En todos estos ejemplos se advierte el movimiento hacia abajo que es tradicionalmente característico de la desgracia y la condenación. Esta sensación kinestésica (un movimiento físico empleado para explicar un estado mental), proporciona cierta subconsciente estructura esquemática a los pensamientos del narrador y destaca el efecto de estas fuerzas abrumadoras, representadas aquí por el peso, el mal personificado y el lodazal, que se apoderan de Pascual. En las dos primeras citas, dichas fuerzas son efectivamente las que destrozan la bondad del protagonista, mientras que en la última, la fuerza se emplea para subrayar la completa incapacidad del desgraciado para resolver su dilema. Digna de atención también es la idea del resurgimiento presentada dentro del segundo ejemplo. Al parecer, alude anticipadamente a la última escena de la narración, cuando Pascual logra gozar de una mitigación temporal de su estado opresivo al matar a su madre: «... una sensación como de alivio me corrió las venas». «Podía respirar...» (p. 194).

La imagen del hundimiento presenta de una manera dinámica la idea de la desgracia de Pascual como víctima, y lo hace en parte al contar con una tendencia universal de juzgar y describir las cosas según la posición que ocupan o la dirección que siguen en una escala vertical de valores. Es decir, que tendemos a caracterizar lo bueno, lo valioso como si estuviera concretamente por encima de lo malo o lo desagradable. Por ejemplo, se habla de «subir al cielo» y «bajar al infierno», o de una persona que tiene sus «altos y bajos», o hasta se emplean las palabras «superior» e «inferior», términos que demuestran etimológicamente esta tendencia directriz. De suerte que el concepto de hundimiento aporta al relato un valor decididamente negativo, el cual sufre una intensificación dentro del contexto.

Si el hundimiento representa de una manera dinámica el estado del protagonista, el concepto del suelo lo hace de una forma estática, ya que sirve para precisar las limitaciones del pobre y su incapacidad para elevarse de un ambiente adverso. En efecto, el suelo llega a ser muy representativo de la situación de Pascual y de unos pobres de su familia, a fuerza tanto de la frecuencia con que se evoca como de los contextos en que se emplea.

Ya al principio del relato se dice que el suelo de la cocina es de tierra con guijarrillos (p. 59), y aunque Pascual en todo caso se precia de sí mismo, la descripción ciertamente basta para caracterizarle como hombre de pocos medios. Además, Mario, el hermano tonto de Pascual, «no pasó de arrastrarse por el suelo» (p. 85), lo cual refleja sin duda su posición infeliz en la vida, una posición que comparte el mismo Pascual cuando resuena la acusación de la Lola: «¡Eres como tu hermano!» (p. 95). La desgracia representada por el suelo se destaca una vez más, pero metafóricamente, en la muerte de Pascualillo —«... once meses de vida y de cuidados, a los que algún mal aire echó por el suelo...» (p. 130)— y concretamente en la muerte de la Lola —«... para caer al pronto contra el suelo de la cocina, todo de guijarrillos muy pisados...» (p. 161).

Es de notar que Pascual ha cambiado de actitud con respecto al suelo de la cocina, que ahora representa las condiciones opresivas de la vida. Aunque la descripción se refiere explícitamente al suelo, puede muy bien extenderse a la Lola, en virtud de la posición que ocupa como declaración final en el capítulo, el fuerte valor negativo que encierra y el chocante cambio de enfoque que ocasiona. Desde este punto de vista, sirve para caracterizarla como una mujer desgraciada y aplastada por la vida, caracterización que muestra igualmente un cambio de actitud por parte de Pascual hacia esta mujer: «... la tenía bien sujeta a la tierra», «La tierra estaba blanda... Y en la tierra, media docena de amapolas...» (p. 95).

En aquel entonces ella había simbolizado la promesa de un feliz porvenir y, por ende, la tierra había encarnado esas expectativas, al ser blanda y estar llena de vida. Pero ya no hay esperanza, y tanto la Lola como el suelo llegan a subrayarlo cuando son los dos «muy pisados».

Por fin llega el momento más crítico del relato de Pascual: el asesinato de su madre, y aunque este delito le promete algún alivio a su estado trastornado, él advierte que «el suelo estaba frío y las piedras del suelo se me clavaban en la planta del pie» (p. 191). Así, Pascual está clavado al suelo, es decir, a sus circunstancias, de las cuales nunca puede desligarse. Por más que se esfuerce, nunca puede sobreponerse al duro ambiente que le penetra de arriba abajo.

Un buen número de los ejemplos que venimos estudiando ponen de manifiesto una característica fundamental del relator: es un hombre de sensaciones —lo hemos subrayado ya— que, por lo tanto, tiende a describir su vida según las cosas que le afectan, siendo estas cosas casi siempre objetivadas aun cuando surgen de su propio ser: «El recuerdo de mi pobre hermano Mario me asaltaba» (p. 126). Esto no sucede solamente en el caso de lo desagradable, sino también en lo tocante a lo más deseable, ya que esta perspectiva de Pascual es omnímoda: «Cuando la paz invade las almas pecadoras», «ahora que la tranquilidad con su amor ya me acompaña» (p. 141), «la pena y la alegría, el gozo y la tristeza, la fe y la desazón y la desesperanza... Temblaba como si tuviera fiebre cuando un estado del alma se marchaba porque viniese el otro» (p. 142). Nótese que la tranquilidad no se apodera del pobre hasta que es demasiado

tarde para contrarrestar los hechos criminales ya reali-
zados. Por consiguiente, Pascual puede emplearla como
disculpa y exhibir una vez más su bondad fundamental
y su suerte como víctima de las circunstancias: «... quiero... asegurarle que ejemplo de familias sería mi vivir
si hubiera discurrido todo él por las serenas sendas de
hoy» (p. 146), «Pero no quiso Dios que esto ocurriera...» (p. 142).

Como se ha visto, la personificación se utiliza para
acentuar el estado desvalido de un tal Pascual Duarte.
Mas, en muchos casos, se advierte que la víctima no es
sólo el protagonista, sino, al parecer, un buen número
de personas que son igualmente desvalidas. Esta idea de
una comunidad de desgraciados se comunica por medio
del «nosotros» empleado en muchos giros de este tipo:
«... la tranquilidad es... como la más preciada bendición
que a los pobres y a los sobresaltados nos es dado esperar» (p. 141), «Nunca de repente llegan las ideas que
nos trastornan» (p. 187). Estos «otros» que forman parte del «nosotros» indefinido pueden ser la familia de
Pascual, pero es de recordar que su familia se caracteri-
za, sobre todo, por la maldad inherente. Puede ser que
Pascual se refiera a los pobres del penal, «un montón
de desgraciados con cuyas vidas se podían llenar tantos
cientos de páginas como ellos eran» (p. 172). Sin embargo, parece más probable que este «yo» generalizado
sea simplemente un recurso estilístico utilizado para co-
rroborar su situación lamentable, y aun para atraer al
lector a identificarse con su condición desgraciada. Se
puede considerar este pluralizar, pues, como otra tentativa por parte de Pascual de enfatizar su papel de vícti-

ma y, por añadidura, despertar un buen grado de entendimiento y simpatía en el lector.

Como resultado de la opresión que siente y su inhabilidad para sobreponerse a ella, Pascual adopta una
actitud de resignación estoica, una actitud que igualmente fomenta la idea de la víctima digna de más simpatía. Durante su juventud, solía hallarse metido en un
buen número de broncas familiares y, desgraciadamente,
ante las palizas, «a mí no me quedaba sino resignación
dados mis pocos años» (p. 66). Las condiciones de su
vida por aquel entonces eran poco agradables, pero Pascual acaba por decidir que «como no nos es dado escoger... procuraba conformarme con lo que me había tocado,
que era la única manera de no desesperar» (pp. 69-70).
Incluso de adulto, tiende a tomar esta actitud al darse
cuenta de que su existencia sigue siendo tan desagradable como siempre: «... lo mejor sería estarme quieto
y dejar que los acontecimientos salieran por donde qui-
sieran: los corderos quizás piensen lo mismo al verse
llevados al degolladero... (p. 107). Esta última cita es
un tanto cómica vista en un marco limitado, en virtud
de la nota exagerada que presta al estado de ánimo del
protagonista inmediatamente antes de casarse. Sin embargo, dentro del contexto más amplio de su vida, tal
comentario proporciona una triste impresión de su suerte y ayuda a desarrollar una de las dos impresiones de
Pascual recapituladas al final de la novela: «... un manso
cordero, acorralado y asustado por la vida...» (p. 198).

Sucede también que dentro de un contexto muy particular tal actitud se manifiesta en la forma de un epofo-
nema, ya que la reflexión brota con naturalidad de la

idea expuesta anteriormente, pero contiene un significado mucho más profundo que el del resto del pasaje: «Después... hasta a ciegas ya hubiera sido capaz de meterme en la cama. Todo es según nos acostumbramos» (p. 150). Tal mansedumbre por parte del protagonista choca con su índole manifiesta —«soy de natural violento» (p. 84)— y sus actos violentamente agresivos, pero demuestra de todos modos que Pascual no quiere ser violento, que su *modus operandi* es el resultado no de sí mismo, sino de la herencia, el ambiente, y las fuerzas que rigen su vida. Todas estas circunstancias sirven para disminuir la culpabilidad del protagonista y la enormidad de sus delitos. Como contrapeso de las atrocidades registradas en las cuartillas, tales circunstancias logran destacar la suerte de Pascual como víctima, el papel que desempeña irremediablemente el pobre una y otra vez.

Por otra parte, queda incluido en el relato un suceso de naturaleza violenta y criminosa que no cuenta con datos explicativos para suavizarlo, un suceso cuya misma escasez de informes confirma fuertemente esta idea de ser víctima. Nos referimos al asesinato de don Jesús González de la Riva.

UNAS CONSIDERACIONES EN TORNO A LA MUERTE DE DON JESÚS

Este personaje se menciona muy rara vez a lo largo de la novela, pero en cada caso se le define vagamente como un hombre bueno. Su casa de dos pisos —la de Pascual es estrecha y de un solo piso— y el escudo

«de mucho valer, según dicen» (p. 59) le distinguen
como un hombre importante y acomodado, un hombre
que es todo un conde y, según Pascual, «insigne patricio» (p. 55). Pero si posee este señor un rango elevado
en la sociedad, dista mucho de jactarse de ello si se considera el aspecto de la fachada de su casa «que aparecía
del color natural de la piedra, que tan ordinario hace, y
no enjalbegada como hasta la del más pobre estaba; sus
motivos tendría» (p. 59). Claro que lo elegante es precisamente esta falta de enjalbegadura, lo cual sirve para
prestar a la casa un aire de aristocrática simplicidad. Pero
Pascual ignora tales «motivos», y su comentario, ingenuo
en sí, parece sugerir que, desde su punto de vista, don
Jesús puede ser bastante humilde y, como resultado, hasta puede tener cierto entendimiento y simpatía para con
sus prójimos menos afortunados. De todos modos, la diferencia de clase entre los dos personajes nunca se recal-
ca suficientemente para que se pueda deducir que Pascual actúe a causa de ello [6].

---

[6] Creemos, en efecto, que Gonzalo Sobejano hace demasiado
hincapié en esta distinción social entre los dos personajes. Nos dice,
por ejemplo: «... el hecho en que la crítica menos ha insistido: el
hecho de que la confesión del condenado a muerte sea una confesión
pública dirigida al representante de la clase social agredida en la
persona del conde de Torremejía» [«Reflexiones sobre *La familia de
Pascual Duarte*», *Papeles de Son Armadans*, XLVIII (enero, 1968),
p. 31]. Aunque convenimos en que este último delito de Pascual
es el único verdaderamente social, no creemos que el desgraciado
dirija sus cuartillas a don Joaquín por ser éste de cierta clase social;
su «confesión» se dirige a una sociedad mucho más grande. Lo que
sí puede indicar es que por ser uno de los amigos de don Jesús
—«que Dios haya perdonado, como a buen seguro él me perdonó

Se nota además que las observaciones del protagonista parecen aludir a cierta benevolencia particular de este conde: «... para mí que tenía ordenado al ama vigilase los geranios, y los heliotropos, y las palmas, y la yerbabuena, con el mismo cariño que si fuesen hijos...» (p. 58). El símil utilizado es muy significativo, ya que señala una posible actitud de Pascual, que es la de considerar al conde como un tipo de padre, un padre rodeado de plantas florecientes que señalan, desde luego, la vida: «... un mimo que a no dudar agradecían los tallos, tales eran su lozanía y su verdor» (p. 58). Bastante diferencia hay entre este hombre «muy partidario de las plantas» (p. 58) y el mismo padre de Pascual, que no ofrece a su hijo más que una existencia infructuosa y desgraciada.

Se observa también que don Jesús le sirve al protagonista de modelo: «Cuando veas que don Jesús se arrodilla, te arrodillas tú; cuando veas que don Jesús se levanta, te levantas tú; cuando veas que don Jesús se sienta, te sientas tú también...» (p. 105). La breve respuesta afirmativa de Pascual indica su sumisión respetuosa a la orden que le da el sacerdote, pero, igual que en otros casos, no nos proporciona, en realidad, bastante información para que podamos determinar su verdadera actitud hacia el conde. El protagonista siempre le describe de esta manera, sin pasión y sin destacar el papel que desempeña en su propia vida, lo cual dista mucho del tratamiento que reciben los otros personajes en la novela. En fin, puede ser que el pobre simplemente acepte al

---

a mí» (p. 51)—, don Joaquín tal vez hubiera podido ser lo bastante sensible para entender el relato de Pascual y hubiera podido perdonarle también.

conde tal como es, sin formular un dictamen ni en pro ni en contra de él.

Sin embargo, este don Jesús es el hombre por cuya muerte Pascual ha de sufrir la pena capital. Con todo, la única noticia de este asesinato que se preocupa de ofrecernos es la de su dedicatoria del libro: «A la memoria del insigne patricio don Jesús González de la Riva, Conde de Torremejía, quien al irlo a rematar el autor de este escrito, le llamó Pascualillo y sonreía» (p. 55). Esta declaración sirve para reducir en gran parte la culpabilidad del protagonista puesto que el verbo «rematar» significa que el conde ya estaba pronto para morir, probablemente a causa de algún incidente referente a la guerra que estalló por aquel entonces [7]. Además, parece que don Jesús le agradeció este probable *coup de grâce,* ya que «le llamó Pascualillo y sonreía».

El diminutivo, en este caso, es el mismo que solía usar Pascual con su propio hijo, y aunque esto en sí no puede servir como base de una comparación, confirma la idea de cierto cariño paternal inherente en un hombre

---

[7] Varios críticos se han esforzado por reconstituir el suceso con los pocos detalles ofrecidos en el texto para interpretarlo más cabalmente. Véanse, por ejemplo: DAVID M. FELDMAN, «Camilo José Cela and *La familia de Pascual Duarte*», *Hispania,* XLIV (diciembre, 1961), p. 658, y ALONSO ZAMORA VICENTE, *Camilo José Cela: acercamiento a un escritor* (Madrid: Editorial Gredos, 1962), pp. 39-44. Aunque estos dos críticos tienden a desarrollar el suceso de una manera muy semejante, sus conclusiones en lo referente al significado del asesinato en la obra se diferencian bastante. Esto es comprensible en vista de que tratan los dos de materia principalmente hipotética. No obstante, sus observaciones son interesantes y valiosas, y si no nos ocupamos demasiado de ellas, es porque nos interesa más averiguar por qué el autor ha presentado tan pocos datos del suceso.

que, según Pascual, había mandado cuidar de sus plantas «con el mismo cariño que si fuesen hijos». En todo
caso, esta reacción del conde tiene mucho que ver con
la siguiente apreciación de Pascual: «... don Jesús González de la Riva (que Dios haya perdonado, como a buen
seguro él me perdonó a mí)...» (p. 51). Así, Pascual
tiene tranquila la conciencia en lo que, al parecer, fue
más un acto caritativo que un delito, más un hecho provocado por compasión que por odio.

En verdad, Pascual no tiene que sentir afecto hacia
el conde; como regla general, reacciona casi instintiva-
mente según las actitudes que observa en los demás.
Debido a la falta de informes sólo podemos distinguir
una bondad fundamental y un grado de compasión en
este hombre, y por estas cualidades, Pascual le paga con
la misma moneda. Don Jesús fue una víctima de alguna
fuerza, para nosotros desconocida, y, siguiendo sus pi-
sadas, Pascual resulta también otra víctima. Es casi como
si un vínculo muy privado los uniera, un vínculo de
mutuo entendimiento que no puede compartir otra persona: «... hay cosas... que son para llevarlas a cuestas
uno solo, como una cruz de martirio, y callárselas a los
demás. A la gente no se le puede decir todo lo que
nos pasa, porque en la mayoría de los casos no nos
sabrían ni entender» (p. 163) [8].

---

[8] Dado lo que venimos observando respecto al asesinato de don
Jesús, no podemos aceptar las aseveraciones de Mary Ann Beck sobre esto, a pesar de ser bastante interesantes: «En primer lugar,
es incongruente que el victimario dedique a la víctima sus memorias.
Por otra parte, a la confesión de un acto nefando como lo es un
asesinato... es contradictorio unir una expresión de cariño y esperanza por parte de la víctima» [«Nuevo encuentro con *La familia*

Pascual Duarte se halla condenado a muerte por este hecho que, aparentemente, más puede tener de bondad que de otra cosa. Pero no distaremos mucho de la verdad si consideramos este suceso como un pretexto conveniente, utilizado por la sociedad para juzgar toda la vida del desgraciado. Su proceso, probablemente, fue muy semejante al de Meursault que, al fin y al cabo, se halló acusado no por el asesinato del árabe, sino, en las palabras del acusador, por «avoir enterré une mère

de Pascual Duarte», *Revista Hispánica Moderna*, XXX (1964), p. 288]. Según nuestra interpretación, basada en los pocos informes del relato, no es incongruente que Pascual dedique sus memorias al conde, ya que éste fue quizá el único que le hubiera entendido y perdonado. Además, el epígrafe no es una «confesión de un acto nefando», sino una declaración de un hecho compasivo, y por eso no resulta contradictorio incluir en ella una expresión de cariño por parte de don Jesús. Los comentarios de esta crítico, más que una penetración en el punto de vista de Pascual, nos parecen proceder de una premisa inicial que no hay por qué aceptar necesariamente. La idea de cierta esperanza irónica manifestada por el conde proviene directamente de la explicación ofrecida por la señorita Beck en torno a la dedicatoria: «... a primera vista se podría deducir que el moribundo conde deseaba la muerte a manos de él. Pero parándose a reflexionar se comprende que sonreía *al llegar* Pascual porque de él esperaba la vida» (*ibíd.*, p. 288). Esta interpretación nos resulta, aunque posible, muy improbable, y demasiado rebuscada para servir como base de su estudio de la ironía inherente en la novela. Su autora nos avisa constantemente que leamos la obra «con agudeza», que pasemos por alto la compasión que sentimos para con el protagonista, la cual es, según ella, sólo una reacción inicial, y que nos adentremos en el relato para descubrir las verdaderas contradicciones contenidas en él. Sin embargo, parece que al tratar de la dedicatoria sin incluir consideraciones del texto, la señorita Beck ha contado con su primera reacción, que es efectivamente la de un «escalofrío inicial» y un sentido de contradicción. Una lectura más detenida habría descubierto cierta lógica en las palabras sólo aparentemente ilógicas de Pascual, y acaso habría despertado cierta compasión hacia él.

avec un coeur de criminel» [9]. La fama de sus acciones
anteriores (por las cuales ya había cumplido una condena
en el presidio) fue lo que le condenó, más que la muerte
de don Jesús; esos malos hechos anteriores fueron las
deudas que le tocó pagar a la justicia (p. 197). El mismo
Cela alude a esto cuando dice: «A Pascual Duarte lo
matamos entre todos porque resultaba demasiado incó-
modo mantenerlo vivo; la verdad es que no sabíamos
qué hacer con él» [10]. El mismo Pascual parece darse
cuenta de esto: «... demasiado malos han de ser los informes que de mí conozca y el juicio que de mí se haya
formado a estas alturas...» (p. 98), y por eso se esfuerza
por retratar su vida con una minuciosidad que demos-
trará su suerte como víctima a lo largo de su existencia.
No había ninguna necesidad de detallar la muerte de
don Jesús porque éste no es efectivamente el hecho que
le condena. Es probable, pues, que Pascual hubiera dado
por terminado el relato antes de que le sorprendiera el
garrote, que la hipótesis del transcriptor (p. 195) sobre
posibles cuartillas adicionales o perdidas no sea válida.
El hecho de que tengamos una dedicatoria de su propia
mano —y las dedicatorias suelen escribirse una vez aca-
bado un relato— parece invalidar estas conjeturas. Ha-
llándose como una víctima condenada por su pasado,
Pascual intenta retratarlo para evidenciar su falta de culpabilidad en lo tocante a aquellos hechos, así como demostrar su papel de víctima a lo largo de toda su vida des-

---

[9] ALBERT CAMUS, *L'Etranger* (New York: Appleton-Century-
Crofts, Inc., 1955), p. 114.

[10] «Palabras ocasionales», p. 582.

graciada, y esto lo ha hecho ya cuando escribe el último renglón, «Podía respirar...».

EL PASCUAL MALO

Dentro del contexto de su propio ser, Pascual Duarte se ve claramente a sí mismo como un hombre bueno, un inocente, una víctima. Sin embargo, no se puede vivir sólo dentro de sí mismo; hay que actuar dentro de un espacio más grande, la sociedad. Así, cuando Pascual se mira en el espejo de esta sociedad, se juzga según las normas reflejadas en él, y en tales momentos reconoce su culpabilidad, la cual pesa fuertemente sobre su conciencia. He aquí la razón por la que escribe su relato, es decir, la razón que se pone a la vista cuando el protagonista se siente culpable, como lo hace cuando escribe la carta a don Joaquín, cosa que debe haber ocurrido durante la redacción de los capítulos doce y trece:

> Como desgraciado no se me oculta que mi recuerdo más ha de tener de maldito que de cosa alguna, y como quiero descargar, en lo que pueda, mi conciencia con esta pública confesión, que no es poca penitencia, es por lo que me he inclinado a relatar algo de lo que me acuerdo de mi vida (p. 51).

Resulta claro que la culpabilidad que siente el protagonista tiene sus raíces en el aspecto físico de los actos violentos, es decir, en la carne misma, mientras que, según parece, el espíritu queda limpio. Puesto que la sociedad le condena, no por los motivos, sino por los hechos, Pascual llega a enfocar igualmente lo corporal para evidenciar y explicar su maldad. Cuando una ínti-

ma convicción de su propio valor sostiene al desgraciado, el cuerpo se describe como un mero instrumento,
renuente pero desvalido, ante aquellas fuerzas que no
se pueden controlar. Por otra parte, cuando el cargo de
conciencia, sembrado por los que le rodean, pesa fuertemente sobre Pascual, llega a aborrecer su ser físico como
reconocida fuente de todos sus malos actos, aunque nunca descarta por completo la parte que tienen las fuerzas
ajenas en la resultante perversidad de su carne:

> Hay ocasiones en las que más vale borrarse como un muer-
> to... Ocasiones que... evitarían el que siguiéramos enfan-
> gados en el crimen y el pecado, nos liberarían de este
> lastre de carne contaminada del que, se lo aseguro, no
> volveríamos a acordarnos para nada —tal horror le to-
> mamos— de no ser que constantemente alguien se encar-
> ga de que no nos olvidemos de él, alguien se preocupa de
> aventar sus escorias para herirnos los olfatos del alma.
> ¡Nada hiede tanto ni tan mal como la lepra que lo malo
> pasado deja por la conciencia...! (p. 187).

Esta imagen de la carne contaminada es ciertamente una
de las más poéticamente expresivas de la obra. Aquí la
presencia del autor Cela se siente fuertemente, ya que
el rústico nunca podría expresarse con una prosa tan rica.
Dentro del comentario, se nos presenta la idea del crimen y el pecado. Entonces, se nos invita a pensar en la
carne contaminada, ya en sentido abstracto (contaminada del crimen y el pecado), ya en sentido concreto (el
lastre de esta carne). Las dos sensaciones se evocan más
o menos al mismo tiempo, pero al seguir con el comentario, se nota que la sensación concreta se sostiene y llega
a ser una manera de explicar la abstracta. Así, aquélla
resulta ser una perspectiva sobre ésta, una perspectiva

muy vívida y bien lograda. El olfato figura en esta concreción de lo abstracto y, como en el caso del «olor a
bestia muerta» (p. 62), señala una vez más lo desagradable y lo degradante.

Este sentimiento de culpabilidad no se evidencia sólo
a través de las manifiestas declaraciones de naturaleza
confesional. Los hechos mismos, con toda su violencia,
fealdad y elementos grotescos, logran patentizar la existencia de tal sentimiento. Desde el punto de vista literario del autor Cela, los hechos tienen que ser presentados
de esta manera, tanto para caracterizar la rudeza del protagonista y el mundo que le da vida, como para presentar más fuertemente su tesis del criminal contra el inocente y la sociedad que tiene inevitablemente que tratar
con tal individuo. Sin embargo, desde el punto de vista
de Pascual Duarte, el relatar fiel y desenfadadamente
los hechos con toda su truculencia sirve como un tipo de
penitencia, y por lo tanto no nos ahorra ningún detalle,
por degradante que sea, ni se esfuerza por suavizar su
lenguaje con respecto a los delitos; más bien emplea frecuentemente vocablos como «arrojar», «asaltar», «cla-
var» y «tirar», dinámicos y violentos todos, y aun vocablos escatológicos para prestar todavía más fuerza a
los sucesos.

En efecto, se notará que los actos de violencia resultan tremendos sólo a fuerza de su descripción. El
simple mencionar los hechos casi no tendría ningún efecto sobre nosotros, ya que, en la mayoría de los casos,
las víctimas, efectivamente, merecen algún castigo por
la vileza que manifiestan. Veamos unos ejemplos:

Cogí la escopeta y disparé; volví a cargar y volví a disparar. La perra tenía una sangre oscura y pegajosa que se extendía poco a poco por la tierra (p. 65).

Cuando se lo llevaban [a Zacarías], camino de la botica de don Raimundo, le iba manando la sangre como de un manantial... (p. 117).

Pisé un poco más fuerte... La carne del pecho [del Estirao] hacía el mismo ruido que si estuviera en el asador... (p. 168).

Estas citas descubren inmediatamente que el estilo tiene casi todo que ver con la sensación de repugnancia que sentimos. En el primer ejemplo, la repetición lenta y casi mecánica sirve para prolongar el suceso y revela cierta frialdad por parte del matador, la cual es antitética a la pasión que sin duda experimentó entonces. Además, al enfocar el resultado de la violencia, es decir, la sangre, y al describirla con tal minuciosidad horrible, el narrador logra despertar en nosotros una repulsión que recae sobre él mismo, aunque la sangre es la de la perra. En las dos últimas citas la truculencia queda patente en virtud de las imágenes evocadas por medio de los símiles. En el caso de Zacarías, la violencia se efectúa mediante la comparación de la sangre que mana del cuerpo y el agua (sobreentendida) que mana de un manantial. Aunque las dos cosas manan —la base de la comparación—, la sugerencia del manantial presta fuerza y plenitud al agua, cualidades que se hallan transferidas vívida y violentamente a la sangre. En lo tocante al Estirao, el asador sirve para evocar la idea de un animal en dicho utensilio y, al hacerse esta comparación, el ruido del pecho del Estirao se entiende de una manera más precisa, fuerte y grosera.

El cuidado con que Pascual nos relata estos hechos
—que se aprecia en el empleo de las imágenes, la adjetivación y la repetición metódica— nos extraña bastante,
ya que desmiente la emoción que exigen normalmente
tales sucesos. Se recordará que la imaginería no suele
emplearse en los momentos de las grandes pasiones;
menos aún expresada en forma de símil. El lenguaje de
la excitación es rápido, sencillo, cortado, y sólo a veces
figura hasta una metáfora pura que pueda comunicar
tal estado. Por otra parte, el símil significa un estado
bastante refrenado, condición obligatoria para que se
ideen tales asociaciones, y esto se refleja técnicamente
en la separación deliberadamente mantenida entre los
dos componentes de la comparación [11]. Así, en los casos
ya citados, Pascual no sufre, en realidad, de ninguna
emoción abrumadora al relatarnos estos hechos espe-
luznantes. Esta incongruencia penetra todos los sucesos
violentos de la obra y contribuye en buena medida a
lo grotesco que nos trastorna una y otra vez al leer el
relato.

Ahora bien, puesto que este modo de narrar se considera una suerte de penitencia en virtud del trabajo que
le cuesta a Pascual hacerlo, también es un modo de pur-
garse, de descargar su propia conciencia, como él mismo
lo declara (p. 51). En efecto, a veces resulta que Pascual
casi logra librarse de su culpabilidad al transferirla al
protagonista de sus cuartillas:

Hay ocasiones en las que me duele contar punto por pun-

---

[11] Es evidente que se pueden utilizar los símiles lexicalizados
en casos de gran excitación por ser frases hechas que no exigen ningún esfuerzo mental.

> to los detalles, grandes o pequeños, de mi triste vivir,
> pero, y como para compensar, momentos hay también en
> que con ello gozo con el más honesto de los gozares,
> quizá por eso de que al contarlo tan alejado me encuentre
> de todo lo pasado como si lo contase de oídas y de algún
> desconocido (p. 146).

Esto explica la falta de pasión por parte del narrador que notamos en las citas anteriores y en los muchos casos tan precisa y objetivamente presentados en el relato, una pasión que debió de haber sentido cuando realizó todo lo descrito. De suerte que el Pascual protagonista y el Pascual narrador pueden separarse y, por ende, éste puede desligarse de su situación y contemplarla con un aire de desapego irónico. Esto ocurre sobre todo en los cuadros de acción, mientras que en los dedicados a la meditación y el filosofar, narrador y protagonista se hallan fácilmente fundidos.

Como resultado de esta culpabilidad que siente, Pascual tiende a tomar por su propia cuenta la suerte que le ha tocado, pero siempre de una manera pesarosa, ya que se da cuenta de que ha pasado la ocasión de cambiarla:

I. Hoy, más cerca ya de la otra vida, estoy más resignado. Que Dios se haya dignado darme su perdón (pp. 52-53).

II. ... a usted quiero dirigirlo [el relato] ... para evitar el que lo tire en un momento de tristeza... y prive de esa manera a algunos de aprender lo que yo no he sabido hasta que ha sido ya demasiado tarde (p. 51).

III. Pesaroso estoy ahora de haber equivocado mi camino, pero ya ni pido perdón en esta vida. ¿Para qué? Tal vez sea mejor que hagan conmigo lo que está dispuesto, porque es más que probable que si no lo hicieran volviera a las andadas. No quiero pedir el indulto, porque es demasiado lo malo que la vida me enseñó y mucha mi flaqueza para resistir al instinto (p. 53).

IV. ... si el esfuerzo de memoria que por estos días estoy haciendo se me hubiera ocurrido años antes, a estas horas, en lugar de estar escribiendo en una celda, estaría tomando el sol en el corral, o pescando anguilas en el regato, o persiguiendo conejos por el monte (p. 96).

Digno de atención es el cambio de actitud que sufre el protagonista ya bajo la influencia de la culpabilidad (número III). Cuando se siente más tranquilo, nos asegura que «ejemplo de familias sería mi vivir si hubiera discurrido todo él por las serenas sendas de hoy» (p. 146), pero cuando le remuerde la conciencia nos dice que si estuviera libre cometería nuevos delitos. Mas los dos comentarios fueron escritos durante la misma época, lo cual demuestra la frecuente vacilación de perspectiva que experimenta el pobre trastornado; algo muy comprensible dado el mucho tiempo que tiene para no hacer otra cosa que pensar y escribir. La nota de resignación que se nos presenta en estas citas (núms. I, III) también se debe al remordimiento que siente mirando hacia atrás. A diferencia del tipo de resignación que solía acompañarle durante los años anteriores, ésta no surge tanto de la inhabilidad de sobreponerse a las circunstancias. Aquí su actitud resignada significa más un reconocimiento tanto de su maldad como de la necesidad de pagar sus deudas. Esta puede ser otra razón por la cual el protagonista no dice nada en defensa propia en lo relativo al asesinato de don Jesús. Su sentimiento de culpabilidad puede ser tan grande que, no obstante los hechos, decide que merece ser castigado. Mas es de recordar que la sociedad le ha impuesto este remordimiento, ya que cuando hace uso de su propia lógica no se considera más que una inocente víctima de su suerte.

El crítico David Feldman ha visto una contradicción entre la idea del destino y el reconocimiento de la culpabilidad propia, la cual utiliza en su interpretación del texto para destacar la idea de la completa responsabilidad del individuo por sus acciones [12]. Mary Ann Beck trata igualmente de este punto —«El problema fundamental planteado en *Pascual Duarte* es, a nuestro parecer, el de la responsabilidad humana frente a lo que se suele llamar el destino...» [13]—, y llega a conclusiones muy semejantes a las de Feldman. Aunque reconocemos esta contradicción, proponemos otra posible explicación que estimamos de mayor validez. Pascual Duarte, por ser poco instruido, atribuye su situación al destino. Pero las más de las veces, este destino significa, en realidad, las circunstancias de su vida, es decir, la sociedad que se apodera de él y logra envilecerle. Pero esta misma sociedad le dice que la culpabilidad es suya y el pobre no puede menos de acabar por aceptarlo así. De modo que la contradicción no es tanto de Pascual como de la sociedad. El mismo Cela confirma esta interpretación cuando dice:

La sociedad, probablemente, no está aún preparada para admitir el prorrateo de culpa que a todos toca en los crímenes de los individuos. Lo que se viene llamando el criminal no es más que la herramienta; el verdadero cri-

---

[12] «Camilo José Cela and *La familia de Pascual Duarte*», *Hispania*, XLIV (diciembre, 1961), pp. 657-658.

[13] «Nuevo encuentro con *La familia de Pascual Duarte*», p. 285.

minal es la sociedad que fabrica —o permite que se fabrique— la herramienta [14].

Esto no quiere decir que haya que considerar a Pascual libre de toda culpa —después de todo, ha perpetrado los delitos—, pero sí indica el papel que desempeña la sociedad en dichos delitos, y éste es el recóndito mensaje que Cela se esfuerza por transmitirnos. Decimos «recóndito» porque al leer la novela rápidamente —como lo exige la mucha acción contenida en ella— reparamos sobre todo en las atrocidades mismas y, por consiguiente, en la vileza de Pascual [15]. Gregorio Marañón ya había mencionado este «artificio con que el autor nos distrae» [16], y Cela mismo nos ha explicado la necesidad de ello:

> Una novela no tiene que defender nada expresamente; nada en absoluto. Tácitamente, ya se sabe que sí, que algo ha de atacar o defender, que algún partido ha de tomar en la vida. Las novelas que antes de abrirlas ya se sepa que van a defender esto, o atacar lo otro o lo de más allá, no tienen interés de ninguna clase [17].

---

[14] «Palabras ocasionales», p. 582.

[15] Una vez más discrepamos de la opinión de la señorita Beck, ya que ella asevera que «si el lector no lee 'con agudeza', se deja arrastrar por el persuasivo discurrir de Pascual sin examinar rigurosamente los hechos en sí. ... Equivocadamente se convence de que Pascual realmente ha sido movido o por la razón o por una influencia irresistible, ya sea del destino, ya sea del instinto, de manera que es víctima y no tiene la culpa de sus atroces actos» («Nuevo encuentro...», p. 284). A nuestro parecer, el sentimiento de repugnancia que experimentamos ante los «atroces actos» es mucho más fuerte y, por consiguiente, mucho más evidente a primera vista que cualquier sentimiento de compasión, la cual exige una lectura aguda y detenida para sentirse.

[16] «Prólogo», *La familia de Pascual Duarte*, p. 27.

[17] «Sobre el concepto de la novela», *Mesa revuelta* (Madrid: Taurus Ediciones, S. A., 1957), pp. 68-69.

Pascual Duarte, pues, cumple con su papel de criminal y de hombre bueno, ofreciéndosenos como una mezcla de ambos, característica recalcada por las dos cartas igualmente dispares con que concluye la novela, escritas después de redactado el último renglón del relato de Pascual. La culpabilidad que crece cada vez más en el protagonista resulta ser la causa del surgimiento de un fuerte sentimiento de arrepentimiento que Pascual ofrece al lector para moverle a aceptar su sinceridad fundamental: «... por asegurarle estoy que mi arrepentimiento no menor debe ser que el de un santo...» (p. 97). He aquí otra razón por la cual ha escrito su relato; un hombre juzgado culpable no nos parece tan horrible si está arrepentido: «Yo se lo digo quizás nada más que por eso de decírselo, quizás nada más que por eso de no quitarme la idea de las mientes de que usted sabrá comprender lo que le digo, y creer lo que por mi gloria no le juro porque poco ha de valer jurar ya sobre ella...» (p. 98). Así, el Pascual culpable espera ganar nuestra simpatía y entendimiento tanto como el Pascual inocente. Pero a veces sucede que la reconocida enormidad de sus delitos le hace desconfiar de cualquier simpatía de los demás: «... —este pobre yo, este desgraciado derrotado que tan poca compasión en usted y en la sociedad es capaz de provocar—...» (p. 170). Pascual anhela el perdón de la sociedad, pero ésta no se inclina a dárselo. Por consiguiente, el protagonista reacciona al verse privado de esa cosa tan preciada casi como otra fuerza siniestra que logra amargarle la vida. Recuérdese que esto sucede también en el caso de lo sobrenatural.

El tren acabó por llegar; tarde o temprano todo llega en

> esta vida, menos el perdón de los ofendidos, que a veces parece como que disfruta en alejarse (p. 174).

El verbo «llegar» se emplea en sus dos sentidos, literal y figurado, como base de la analogía presentada en esta cita. Así, tenemos aquí una construcción casi zeugmática que logra comparar dos cosas de categorías distintas: «el tren», o el «todo» que representa cualquier otra cosa concreta, y «el perdón». Más importante aún, esta especie de zeugma estriba en la juntura de dos épocas distintas, es decir, que un suceso del pasado se relaciona con una reflexión hecha sobre la situación actual. Estas divagaciones estrechamente unidas con el relatar propio se hallan de cuando en cuando a lo largo de la novela, aunque los cuadros mismos pueden separarse bastante fácilmente en los de acción (del pasado) y los de reflexión (del presente). Esto demuestra que a pesar del buen grado de objetividad de su relatar, hay ocasiones en las que el Pascual narrador no puede menos de inmiscuirse en los sucesos.

Por más que lo quisiera, Pascual nunca logra ganar el perdón ni disfrutar de ninguna compasión de esa sociedad, que sigue recordándole su maldad mediante la condena que pende sobre su cabeza. De suerte que su sentimiento de culpabilidad crece cada vez más hasta que, al fin, no hay manera de aliviarlo. Esto se verifica en las descripciones de las dos confesiones que hace el protagonista. Después de confesarse por la violencia cometida contra la Lola, el joven nos dice: «Me confesé, y me quedé suave y aplanado *como si me hubieran dado un baño de agua caliente*» (p. 106). Puesto que Pascual todavía no ha acumulado gran número de pecados, la conciencia no le remuerde tanto y, por consiguiente, puede aprovecharse del perdón ofrecido, un perdón divino; y ya «rejuvenecido», puede empezar de nuevo. Bastante diferencia hay entre esta confesión y la que hace ya cerca del más allá: «Cuando don Santiago me dio la bendición tuve que hacer un esfuerzo extraordinario para recibirla sin albergar pensamientos siniestros en la cabeza...», «No pude pegar ojo en toda la noche y hoy estoy fatigado y abatido *como si me hubieran dado una paliza...*» (p. 144). Es de notar que los vehículos (lo subrayado) de los dos símiles ponen de relieve el papel que desempeñan las demás gentes en las sensaciones que experimenta Pascual. En la primera confesión el perdón divino significaba también el perdón de sus semejantes, pero ya después de tantos malos actos, la sociedad le castiga en vez de perdonarle y la remisión de Dios no le es suficiente. En efecto, esta última confesión no sirve más que para dar salida al sentimiento de culpabilidad que crecía en su interior, puesto que el pobre tiene que repasar los mismos delitos que le han traído la censura de la sociedad. Además, el hecho de confesar aquellos actos no puede menos de atestiguar la maldad de ellos y, desde luego, su propia culpabilidad. Pero, al mismo tiempo, su estado trastornado puede indicar igualmente que el desgraciado se pregunta confusamente sobre la justicia aplicada por una sociedad que no le perdona cuando ya ha recibido el perdón de Dios. Esos «pensamientos siniestros» que le atosigaban pueden muy bien encubrir cierto resentimiento hacia una sociedad que le castiga después de haberse arrepentido

por esos hechos del pasado, hechos que de todos modos
no pudo evitar [18].

El capellán y el guardia civil: las dos cartas

Todas estas impresiones en torno al Pascual inocente y
al Pascual culpable no terminan con el último renglón
que escribe. Un hombre no puede narrar su propia muerte y, por eso, Cela tuvo que idear una manera de pre-
sentárnosla. Ya que el autor había mantenido vívida
esta doble actitud del inocente y el criminal en los ra-
ciocinios y las acciones de su protagonista, no nos sorprende que siguiera con ella hasta en sus declaraciones
concluyentes. Las dos cartas, que nos revelan los últimos momentos de Pascual, sirven cada una para enfocar
un lado de esta doble impresión, aunque tratan de los
mismos hechos. La del cura don Santiago Lurueña refleja
la bondad fundamental de Pascual y su suerte como víctima de las circunstancias. La del guardia civil don Cesáreo Martín destaca la ruindad del criminal y refleja la
actitud insensible de una sociedad que le condena. Vale

---

[18] Al tratar de este suceso, Mary Ann Beck pone en duda una
vez más los motivos y el carácter del protagonista. Interpreta los
«pensamientos siniestros» de éste como una manifestación de su
falta de arrepentimiento, y por eso como una contradicción inherente
en las actitudes de la sociedad hacia él. Si aceptamos la sinceridad
de Pascual —hasta dicha crítico misma declara aceptarla: «no cabe
poner en duda, desde luego, la sinceridad de Pascual» (*ibíd.*, p. 284)—,
tenemos que aceptar como fidedignas sus declaraciones: «... tuve que
hacer un esfuerzo extraordinario...». Tal esfuerzo por parte del
protagonista demuestra que su arrepentimiento es auténtico, y si
tiene que luchar contra un algo malicioso, puede muy bien ser que
éste le venga de fuera.

la pena subrayar algunos de los comentarios de las dos cartas para demostrar estas actitudes distintas:

(De la confesión - caracterización de Pascual)

[Santiago Lurueña] Para un servidor, que recogiera sus últimas palabras de arrepentimiento con el mismo gozo con que recogiera la más dorada mies el labrador, no deja de ser fuerte impresión la lectura de lo escrito por el hombre que quizás a la mayoría se les figure una hiena (como a mí se me figuró también cuando fui llamado a su celda), aunque al llegar al fondo de su alma se pudiese conocer que no otra cosa que un manso cordero, acorralado y asustado por la vida, pasara de ser (p. 198).

[Cesáreo Martín] ... de la salud de su cabeza no daría yo fe aunque me ofreciesen Eldorado, porque tales cosas hacía que a las claras atestiguaba su enfermedad. Antes de que confesase ninguna vez, todo fue bien; pero en cuanto que lo hizo la primera se conoce que le entraron escrúpulos y remordimientos y quiso purgarlos con la penitencia; el caso es que los lunes, porque si había muerto su madre, y los martes, porque si martes había sido el día que matara al señor conde de Torremejía, y los miércoles, porque si había muerto no sé quién, el caso es que el desgraciado se pasaba las medias semanas voluntariamente sin probar bocado... (pp. 199-200).

El cura se ocupa del arrepentimiento manifestado por el pobre a través de su confesión y, a fuerza de subrayar sólo este aspecto, demuestra su bondad fundamental, la cual queda explícita también en la descripción de Pascual como víctima de la vida. Claro está que al comparar este arrepentirse con «la más dorada mies», don Santiago logra exaltar al protagonista ante nuestros ojos. En cambio, el guardia civil no tiene buen concepto de Pascual y por lo tanto juzga conveniente destacar lo que él considera unas manías suyas. Además, al enfocar el remordimiento y las penitencias del condenado, don Cesáreo hace hincapié en la culpabilidad de su prisionero. No sería imprudente añadir que tendemos a aceptar más fácilmente las aseveraciones del capellán que las del guardia civil en virtud de la relación más íntima con Pascual que su ministerio le facilita, por no decir nada de la manera más refinada con que se expresa. Además, nos inclinamos a creer en las palabras de un hombre que, según su propia declaración, consideró a Pascual una hiena —una actitud de la mayoría— sólo para rechazarla a favor de una actitud más benévola y compasiva, una actitud formada después de bastante deliberación. Puede ser que el autor Cela intente provocar esta reacción, pero si éste es el caso, lo hace sutilmente para no desequilibrar demasiado su presentación de los dos extremos de actitud reflejados en las dos cartas.

(De las impresiones despertadas respecto a Pascual)

[S. L.] ... las confesiones de Duarte... la impresión profunda que han dejado en mi espíritu, de la honda huella, del marcado surco que en mi alma produjeran (p. 198).

[C. M.] Del tal Pascual Duarte de que me habla ya lo creo que me recuerdo, pues fue el preso más célebre que tuvimos que guardar en mucho tiempo... (p. 199).

(De la muerte de Pascual)

[S. L.] Su muerte fue de ejemplar preparación...

... pronunció... un *¡Hágase la voluntad del Señor!* que mismo nos dejara maravillados con su edificante humildad. ¡Lástima que el enemigo le robase sus últimos instantes, porque si no, a buen seguro que su muerte habría de haber sido tenida como santa! (p. 198).

[C. M.] En cuanto a su muerte, sólo he de decirle que fue completamente corriente y desgraciada y que aunque al principio se sintiera flamenco y soltase delante de todo el mundo un *¡Hágase la voluntad del Señor!* que nos dejó como anonadados, pronto se olvidó de mantener la compostura. A la vista del patíbulo se desmayó y cuando volvió en sí, tales voces daba de que no quería morir y de que lo que hacían con él no había derecho, que hubo de ser llevado a rastras hasta el banquillo. ... y terminó sus días escupiendo y pataleando, sin cuidado ninguno de los circunstantes y de la manera más ruin y más baja que un hombre puede terminar; demostrando a todos su miedo a la muerte (pp. 200-201).

Aunque los dos personajes describen los mismos hechos sobre la muerte de Pascual, es decir, su resignación y su subsiguiente rebeldía, se nota inmediatamente el valor distinto que asignan a cada una de estas actitudes. Don Santiago se dirige más al estado resignado del condenado y hace uso de la personificación (una fuerza se apodera de la pobre víctima) para explicar el momento en que se desmorona. Don Cesáreo enfoca más su estado de hundimiento para demostrar de una manera peyorativa la reacción más típica que se esperaría de cualquier criminal.

Todas estas impresiones divergentes reflejan muy bien las distintas posiciones que ocupan los dos hombres en la vida. Según el clisé, cura y guardia civil se distinguirían marcadamente uno del otro, como aquí lo hacen, a fuerza del lenguaje, estilo de escribir y actitud fundamental, y por esto indudablemente Cela les ha asignado dichas posiciones, además de satisfacer la clara necesidad de escoger a dos personas que «por su oficio estuvieron cercanas al criminal cuando le tocó pagar deudas a la justicia» (p. 197). Desde el punto de vista literario, esta

diferenciación le ha proporcionado a Cela la oportunidad de mostrarse como un autor muy capaz de dominar
más de un estilo y de variarlos según las exigencias de
su novela. Claro que lo ha hecho ya a lo largo de la
obra, pero resulta más evidente con el empleo de las dos
cartas. Desde el punto de vista del lector, los dos extremos de actitud del cura y del guardia representan impresiones similares que se evocan alternadamente a través del relato, promovidas y concretadas aquí, de un
Pascual bueno y un Pascual malo, de un inocente y un
criminal.

Mas hay un hecho sumamente importante que, a pesar de su tratamiento diferente en las dos cartas, sirve
para subrayar una idea tácitamente sostenida a lo largo
de la novela. Durante los últimos momentos de su vida,
Pascual Duarte está resignado a la muerte, sin duda porque tiene presente la necesidad de ser castigado por sus
delitos. Pero de repente empieza a luchar contra la muerte y a gritar que no tienen derecho de ejecutarle recha-
zando así la culpabilidad de sus actos pasados. Pascual
ya había predicho este cambio de estado cuando afirmó,
como parte de sus cavilaciones: «A la desgracia no se
acostumbra uno, créame, porque siempre nos hacemos
la ilusión de que la que estamos soportando la última ha
de ser, aunque después, al pasar de los tiempos, nos
vayamos empezando a convencer —¡y con cuánta tristeza!— que lo peor aún está por pasar...» (p. 131). Así,
el retrato que nos queda de Pascual al concluir la novela
es el de un hombre que no se acostumbra, que no se
resigna a la muerte, sino que se rebela contra un castigo
que no cree merecer, un hombre que rehúsa aceptar la

culpabilidad que la sociedad le ha achacado, y, por añadidura, una víctima que sufre injustamente un castigo.
Si Pascual hubiera aceptado su culpabilidad desde el principio —y especialmente al final de su vida— en vez de
reafirmar su inocencia, su muerte no nos habría hecho
dudar de la justicia del castigo. Claro está que su reacción final se debe en gran parte a las circunstancias de
su ejecución, pero al mismo tiempo sirve para plantear
la cuestión de la culpabilidad de una sociedad indiferente
e insensible. Hay cierta ironía en el hecho de que esta
sociedad que había proporcionado las circunstancias des-
graciadas y la gente ruin que formaba parte de la vida
de Pascual, esa sociedad, en fin, que efectivamente había
engendrado al criminal, le castigara por lo que éste no
había podido evitar [19]. Parafraseando unas glosas de Cela,
diríamos que Pascual resulta ser una víctima por ser
anormal e inconveniente en una sociedad que tolera sólo
la normalidad y la conveniencia [20]. Más irónico aún es
el que esta misma sociedad lograra convencer al protagonista de su culpabilidad, aunque esto fracasa al final,
cuando Pascual se rebela contra tal idea.

No queremos decir con esto que Pascual Duarte sea
completamente inocente y que la sociedad lleve toda la
culpa. Creemos, sin embargo, que la novela sostiene la
intención del autor que, según nuestro parecer, es la de
sugerir la parte de culpa que tiene la sociedad en la for-

---

[19] «Este pobre Pascual que... era un hombre que mataba porque
en su país no le habían enseñado que dejar vivir y hacer vivir son
cosas más nobles que matar» [PEDRO LAÍN ENTRALGO, «La libertad
de C. J. C.», *Papeles de Son Armadans,* VII, núm. CXLII (enero, 1968), p. 177].

[20] «Palabras ocasionales», pp. 581-582.

mación de un criminal y la subsiguiente responsabilidad que comparte con éste por cualquier delito cometido en contra de ella. Es por ello por lo que Cela acentúa las condiciones adversas de su protagonista, además de la lógica y la justicia de sus delitos. Pero para mantener un equilibrio imprescindible también destaca la truculencia y la brutalidad de esos delitos.

CONSIDERACIONES FINALES

Antes de concluir este estudio en torno a *La familia de Pascual Duarte,* conviene señalar otras características de su protagonista advertibles en la novela y que contribuyen a nuestra doble reacción de atracción y repulsión. Hemos observado ya cierta actitud de superioridad que manifiesta Pascual al tratar, a veces hasta cínicamente, de la ruindad de las otras personas que pueblan su mundo. En realidad, este sentimiento no es sino una suerte de autodefensa que utiliza para ocultar su fuerte complejo de inferioridad. Pascual refleja el ambiente que le dio vida, un ambiente duro, seco, miserable. Sus oportunidades para distinguirse están limitadas por lo que el ambiente le proporciona, que es muy poco. Como resultado de la baja posición que ocupa en la sociedad, le está vedada la estimación de sus prójimos más afortunados, y con ella la posibilidad de experimentar la dignidad humana. Pero Pascual se siente en el fondo bueno y por eso cree que merece el aprecio de la sociedad. Desgraciadamente, a lo largo de su vida esto no se confirma en sus relaciones con los demás, lo cual intensifica en él la idea de su poco valor. Aun los sucesos más corrientes, que otra persona estimaría irrelevantes, le afectan profundamente debido a su poca estimación propia: «Yo intenté persuadirle de que lo que quería era hablar con él de mi viaje, pero fue inútil. Me cortó con una sequedad que me dejó desorientado» (p. 153), «Y se dio media vuelta sin hacerme más caso... Al señor Gregorio no le importaba nada mi libertad» (p. 175), «... toda mi alegría la matara el señor Gregorio con sus tristes palabras, y un torrente de funestas ideas, de presagios desgraciados que en vano yo trataba de ahuyentar, me atosigaban la memoria» (p. 176). Es de notar que las palabras del señor Gregorio no son, en rigor, tristes. Más bien, reflejan una tristeza que se inicia en un Pascual sensible, quien proyecta sus sentimientos sobre ellas. Es un fenómeno bastante usual que el hombre proyecte su estado subjetivo sobre el ambiente objetivo de forma que éste se refleja de nuevo sobre el hombre. De esta manera la emoción se halla intensificada, ya que parece venir de fuera, y se conjuga con el estado emocional del hombre. Pascual hace uso de esta técnica bastante a menudo, con el mismo efecto: «... hubo un día que debió [la piedra] parecerme tan triste por mi marcha...» (p. 64), «... el triste ciprés, mi única compañía» (p. 94), «Cuando salí encontré al campo más triste, mucho más triste, de lo que me había figurado» (p. 171).

Junto con el sentimiento de inferioridad que le penetra, Pascual siente cierta enajenación, como se evidencia en las citas del párrafo anterior. Vive aislado, alejado, sin poderse comunicar de modo significativo con la gente que le rodea. Hasta su propia familia no le proporciona ningún alivio del vacío en que se halla: «Tres mu-

jeres hubieron de rodearme cuando Pascualillo nos aban-
donó; tres mujeres a las que por algún vínculo estaba
unido, aunque a veces me encontrase tan extraño a ellas
como al primer desconocido que pasase, tan desligado
de ellas como del resto del mundo...» (p. 131), «... parecía como si se hubiesen puesto de acuerdo para amar-
garme la vida» (p. 132). Para librarse de esta situación,
el desgraciado huye, pero el camino que conduce lejos
de la complejidad y hacia la libertad también le distancia
de la única posibilidad de comunicación, llevándolo hacia
una soledad más intensa; por eso tiene por fin que
volver a su familia.

Sin embargo, la posibilidad de verdadera comunicación nunca se logra, y Pascual sigue dentro de su aislamiento. Varios indicios de esta enajenación se ofrecen
en el relato y sirven, fundamentalmente, para despertar
una reacción de lástima en el lector: «... una piedra re-
donda y achatada como una silla baja, de la que guardo
tan grato recuerdo como de cualquier persona; mejor,
seguramente, que el que guardo de muchas de ellas»
(pp. 63-64); «El recuerdo de aquella alcoba me acom-
pañó a lo largo de toda mi vida como un amigo fiel...»
(p. 111); «... los niños me seguían curiosos al cruzar los
poblados como siguen a los húngaros o a los descalabra-
dos; sus miradas inquietas y su porte infantil, lejos de
molestarme, me acompañaban...» (p. 147).

En verdad, es triste que Pascual tenga que recurrir
a cosas inanimadas y a una curiosidad perversa para aliviar la frialdad de su existencia. Más lamentable, y más
repugnante a la vez, es que este aislamiento y esta in-
comunicabilidad se expresen mediante la violencia físi-

ca [21]. Pascual no sabe comunicar sus pasiones y, al ser provocado, sólo puede contestar físicamente. De ahí que se maraville de que las peleas de la gente de la ciudad no paren en la violencia: «Si los hombres del campo tuviéramos las tragaderas de los de las poblaciones, los presidios estarían deshabitados como islas» (p. 152). En realidad, no es que los rústicos no tengan «las tragaderas», sino que no han aprendido el lenguaje de la violencia; no saben comunicar sus pasiones simbólicamente. El hombre «civilizado» intenta tanto daño como el hombre con el cuchillo en la mano, pero se contenta con el arma verbal. El hombre primitivo no tiene tal defensa en virtud de no poder controlar sus impulsos, y así tiene por fuerza que recurrir a la violencia física.

Como resultado de su aislamiento y la maldición de desgracia e inferioridad que le acompaña, Pascual se ensimisma más y más. Su propio ser le ocupa por completo y, puesto que no puede realizarse exteriormente, cultiva con tenacidad su amor propio para sostenerse. Esta actitud se halla reflejada en sus descripciones de los otros personajes, de las cuales casi siempre sale con más limpieza. Además, se destaca en sus relaciones más íntimas:

---

[21] Paul Ilie ha reparado también en este punto: «En el caso de *Pascual Duarte*, las relaciones sociales son descritas con el expreso propósito de representar la vida como aislamiento, y el protagonista se convierte en agente de violencias, sobre todo para subrayar su incapacidad de comunicación significativa con los demás». [*La novelística de C. J. C.*, p. 233].

[Pascual]   —¿De verdad que me esperabas?
[Esperanza]   —Sí.
                 —¿Y por qué no me lo dices?
                 —Ya te lo dije.
                 Era verdad; ya me lo había dicho, pero yo
                   gozaba en hacérselo repetir.
                 —Dímelo otra vez.   (p. 185).

Como es evidente aquí, y como asevera Paul Ilie, «Pascual toma, pero da poco; es un recipiente pasivo que no se esfuerza por ofrecer su propia simpatía humana» [22]. Este egoísmo se observa también en sus ensueños e ilusiones, que le caracterizan como idealista. Nos hemos detenido ya en las reflexiones de Pascual en torno a su regreso al pueblo después de ser puesto en libertad (p. 41 del presente estudio). El pobre espera ser recibido por la gente con un regocijo tumultuoso, un regocijo más digno de un héroe que de un desgraciado. Aunque Pascual se esfuerza por disminuir la nota de su engreimiento —«...--no sé por qué rara manía de ideas--...» (página 175)—, nos queda patente que se engrandece a sí mismo, y precisamente porque siente profundamente la falta de cualquier prestigio dentro de su dura realidad.

Aunque la realidad sirve para recordarle a Pascual su poco mérito, nunca deja éste de tratar de ganar el respeto de sus prójimos. Se resigna más o menos al hecho de que efectivamente no puede ser considerado superior a los demás, pero le tortura la idea de no ser considerado, por lo menos, igual. Debido a su gran sentimiento de inferioridad, Pascual está siempre a la defensiva; tiene que aprovecharse de cualquier ocasión para mostrarse

---

[22] *La novelística de C. J. C.*, p. 41.

digno de la aprobación de los demás, aun cuando lo que hace vaya en contra de su propia inclinación. Su casamiento con la Lola es un ejemplo de este esfuerzo: «Como en la boda me gasté los ahorrillos que tenía —que una cosa fuera casarse a contrapelo de la voluntad y otra el tratar de quedar como me correspondía—, nos resultó, si no lucida, sí al menos tan rumbosa, en lo que cabe, como la de cualquiera» (pp. 107-108); «La conciencia tranquila la tengo de haber cumplido —y bien— y eso me basta...» (p. 109). No obstante, la aprobación de su sociedad rústica estriba en mucho más que en una boda bien lograda. Dentro de un ambiente duro y primitivo, los valores más loables son precisamente la dureza y cierta proeza física. El hombre tiene que ser todo hombre para convencer a sus iguales de que es digno de cualquier prestigio. Estos valores llegan efectivamente a ser la pauta que utiliza Pascual en sus relaciones con los demás, y en todo el relato como el resorte de casi todas sus acciones:

A mí me asustó un tanto que mi madre en vez de llorar, como esperaba, se riese, y no tuve más remedio que ahogar las dos lágrimas que quisieron asomarse cuando vi el cadáver... (p. 84).

Desde aquel día siempre que veía a don Manuel lo saludaba y le besaba la mano, pero cuando me casé hubo de decirme mi mujer que parecía marica haciendo tales cosas y, claro es, ya no pude saludarlo más... (p. 84).

... no me faltaron voluntades para levantarlo, pero preferí no hacerlo... ¡Si el señor Rafael, en el momento, me hubiera llamado blando, por Dios que lo machaco delante de mi madre! (p. 87).

Usted sabe, tan bien como yo, que un hombre que se

precie no debe dejarse acometer por los lloros como una mujer cualquiera (p. 99).

Repárese en que, en cada caso, la reacción inicial de Pascual es verdaderamente loable y de buena índole. Sin embargo, tiene que soterrarla para ajustarse a una forma de actuar que es, de hecho, desorientada y perversa. He aquí una de las contradicciones visibles de la vida de Pascual Duarte. Digno de atención también es el temor que siente por una posible acusación en contra de su hombría. Para defenderse de tal imputación, siempre está preparado para contestar con la violencia, prueba además de su virilidad.

Pero las más de las veces prefiere evitar aquellas situaciones que tal vez pusieran en duda su masculinidad y que perjudicaran su imagen egoísta de sí mismo. Esto significa que aun Pascual mismo no está del todo seguro de ser hombre a cabalidad, ni tampoco inferior a los demás: «... aunque nos mirábamos con alguna inclinación, yo nunca me había atrevido a decirle [a la Lola] ni una palabra de amores; me daba cierto miedo que me despreciase... siempre podía más en mí la timidez...» (p. 92) [23]. También en el caso de Esperanza, Pascual demuestra la misma reticencia por temor de ser despreciado, aun cuando todos los indicios señalan lo contrario. Además, aunque no lo admitiera, tiene cierto miedo de mostrarse menos hombre que el Estirao en su primer encuentro. Nos dice simplemente que no sabe por qué no dio sobre él, pero, de todos modos, no deja de reafirmar su hombría al decir: «Yo me quise enfriar

---

[23] Paul Ilie también aborda este aspecto; nuestros juicios se aproximan mucho a los suyos. [*La novelística de C. J. C.*, p. 52].

porque me conocía la carácter y porque de *hombre a hombre* no está bien reñir con una escopeta en la mano cuando el otro no la tiene» (p. 80) [el énfasis es nuestro]. Pero la chulería del Estirao, y especialmente su declaración a Rosario de que su hermano ni era hombre, le dolieron mucho, y este suceso probablemente puede considerarse como el que despertó la fuerte sensibilidad de Pascual y la necesidad de estar siempre a la defensiva para proteger su masculinidad: «Aquel día se me clavó una espina en un costado que todavía tengo clavada» (p. 80). En adelante, tal acusación contra su hombría irremediablemente provoca la violencia, sea en el caso de la Lola («¡Eres como tu hermano!» [p. 95]), en el de Zacarías («Poco hombre me pareces tú para lo mucho que amenazas» [p. 116]) o en el del segundo encuentro con el Estirao, cuando éste le acusa de ser poco hombre al referirse a la Lola («¿Entonces, me quería?» [p. 168]).

Esta preocupación machista figura de mayor o menor grado en todo lo que emprende el protagonista. A veces es muy sutil, pero su presencia se siente de todos modos a través de los comentarios y las acciones. Se notará, por ejemplo, que Pascual se esfuerza por destacar las buenas cualidades de sus dos esposas antes de casarse con ellas. Esto sirve para alimentar su amor propio, puesto que demuestra que no se ha ligado con mujeres cualesquiera, sino con las bien apreciadas. Dado que la virginidad puede ser otro indicio del valor de una mujer, Pascual no deja de destacar el estado de la Lola, lo cual sirve para atraerle a él cierto prestigio más: «... quiero decirle a usted, para atenerme en todo a la verdad, que por aquellas fechas tan entera estaba como al nacer y tan desconocedora de varón como una novicia; es esto una cosa sobre la que quiero hacer hincapié para evitar que puedan formarse torcidas ideas sobre ella...» (p. 93). Pero este prestigio que desea tanto y que le es tan necesario no estriba exclusivamente en la aprobación de los demás. Resulta que Pascual tiene que probarse a sí mismo su propio valor y su propia hombría. Así, cuando está a punto de matar a su madre, cuando está todavía a solas sin testigos, opta por cierto pundonor criminal que exige la dureza y el rechazo de la cobardía: «Pensé cerrar los ojos y herir. No podía ser; herir a ciegas es como no herir, es exponerse a herir en el vacío... Había que herir con los ojos bien abiertos, con los cinco sentidos puestos en el golpe» (p. 192). De suerte que en todos los hechos de su vida, hasta en la misma muerte de su madre, Pascual Duarte se ocupa de mostrarse hombre, de sobreponerse a su índole y sus circunstancias, de destacarse por ciertas cualidades que le ganarían prestigio y con esto la aceptación y el cariño de una sociedad de la que se siente apartado. Pero, con cada paso, lo que consigue, por el contrario, es alejarse cada vez más de esta sociedad, hasta que se halla condenado a muerte y su marginación es completa. Si la vida de Pascual Duarte es una ironía, no lo es menos su muerte.

CONCLUSIÓN

The sole excuse which a man can have for writing is... to unveil for others the sort of world which mirrors itself in his individual glass.

Rémy de Fourmont.

Al escribir *La familia de Pascual Duarte,* Cela nos ha dado una visión del hombre dentro de su sociedad. Esta visión nos resulta poco feliz o halagüeña, ya que rebosa maldad y violencia, atrocidades y perversiones. Mas, pese a todos estos aspectos repugnantes, nos mueve a sondear la visión más cuidadosamente porque percibimos en ella un designio mucho más profundo y significativo que el que se nota a primera vista. Pascual Duarte y su «familia» no son el resultado de un capricho literario; no se nos presentan simplemente para distraernos de una manera tremenda. Más bien, son la encarnación novelesca de una postura mental de Cela, el vehículo que le sirve para comunicar sus concepciones sobre la vida y su propia sociedad. Dado que la obra refleja un buen grado de pesimismo, no nos debe sorprender que las reflexiones personales de Cela sean igualmente negativas y pesimistas:

La vida no es buena; el hombre tampoco lo es. Quizás fuera más cómodo pensar lo contrario. La vida, a veces, presenta fugaces y luminosas ráfagas de simpatía, de sosiego e incluso también, ¿por qué no?, de amor. El hombre, en ocasiones, se nos muestra cordial y casi inteligente. Pero no nos engañemos. No se trata más que de la máscara, que del antifaz, que del engañador disfraz que la vida y el hombre se colocan para que no nos sintamos demasiado infinitamente desgraciados y huérfanos; tampoco inmensamente dichosos en nuestra desgracia y orfandad. Esa careta que, sonriente, se nos presenta, no es otra cosa que el más cruel de los simulacros, aquél que ayer nos engañó, que hoy nos engaña, que mañana seguirá engañándonos también sin remisión, sin escape posible, sin vuelta de hoja [1].

Pascual Duarte es la imagen de esta filosofía; es la encarnación de los sentimientos amargos y antagónicos de su creador. Su vida se nos presenta como una serie de desgracias de las que no hay escape. Dentro de la cárcel que es su existencia no hay más que frustración, sufrimiento y fealdad. Los otros personajes que forman parte de su dura realidad se utilizan precisamente para destacar la vileza de la vida sin disfraz. No hay máscaras para suavizar la impresión que sacamos, ya que aun cuando un personaje parece actuar en contra de su verdadera índole, el narrador siempre pone de relieve la incongruencia inherente a tales acciones, lo cual sirve para aumentar la ruindad del personaje: «Mi padre... mirando para la hija se le pasaban las horas, con una cara de enamorado... que a mí casi me hacía olvidar su verdadero sistema» (p. 74), «El señor Rafael... iba y

---

[1] «La galera de la literatura», *Mesa revuelta* (Madrid: Taurus, 1957), p. 281.

venía de un lado para otro diligente y ufano como una novia...», «¡El hijo de su madre, y cómo fingía el muy zorro!» (p. 91). El propio protagonista encarna toda la vileza de su ambiente y, al amontonar delito tras delito hasta matar por fin a su propia madre, logra dar pábulo de una manera exagerada a la sentencia de su creador de que el hombre no es bueno. Pascual no sólo refleja las actitudes de Cela mediante sus acciones, sino las confirma también en su dialogar: «—¿Ves los lobos que tiran por el monte, el gavilán que vuela hasta las nubes, la víbora que espera entre las piedras?», «—¡Pues peor que todos juntos es el hombre!» (p. 138).

Aunque Cela busca resaltar la fealdad moral de su protagonista, reserva cierta compasión hacia él, ya que reconoce que el ambiente en que actúa no le proporciona ninguna alternativa. Así, concede a Pascual el poder de relatar su vida para que pueda enfatizar el papel que el medio ambiente desempeña en la formación de un criminal, y lo hace efectivamente al presentarnos los hechos desde su propio punto de vista. Cela simpatiza de tal modo con la situación de su criatura que hasta le permite afirmar: «Yo, señor, no soy malo, aunque no me faltarían motivos para serlo». Dentro de esta declaración hay bastante incertidumbre por parte tanto de Pascual como de Cela de que el hombre realmente sea malo. Si el hombre no puede menos de reflejar la maldad, puede muy bien ser que la vida, mala ya de por sí, no le permita actuar de otro modo. Según Cela, la situación en que se halla el hombre es sobre todo desgraciada y lastimera —sus propias palabras pesimistas y quejosas aluden a esta actitud— y, por lo tanto, él pone de relieve, con cierta

insistencia, estas mismas características en la existencia
de su protagonista. Igual que su Pascual, Cela puede
muy bien preguntarse confusamente si no hay un destino
que rige al hombre y que le deja desamparado y sin esperanza. Mediante su protagonista, Cela puede asimismo
plantear la cuestión de un dios todo compasión que permita al hombre seguir dentro de su desgracia.

Para penetrar en esta visión de Camilo José Cela,
la cual constituye, de hecho, el núcleo de la obra, hemos
seguido un estudio de la imaginería contenida en ella.
La elección de las imágenes utilizadas dentro del relato
ha sido determinada por las impresiones que habían de
ser evocadas en el lector. Por lo tanto, este aspecto de
la novela nos ha proporcionado la materia prima necesaria para descubrir los numerosos rasgos de significado
que, una vez interpretados, contribuyen a la imagen más
grande que es, al fin y al cabo, la novela en su totalidad.
La insistencia en la imagen deshumanizadora por parte
del autor nos ha señalado su actitud en cuanto al ser
humano. Como asevera Richard Predmore, «Por su con-
ducta, ya hemos visto que la bestia humana de Cela es
la más bestial de todos los animales» [2]. Para comunicarnos tal impresión, Cela nos ha ofrecido al hombre
dentro de un contexto animal. De esta manera, experimentamos la sensación del hombre vil y repugnante mucho más vívidamente que si el autor simplemente nos
lo hubiera declarado. Por otra parte, al dejar que su
protagonista haga uso de la personificación, Cela logra

---

[2] «La imagen del hombre en las obras de Camilo José Cela»,
La Torre, XXXIII (1961), p. 90.

reforzar la sensación del hombre desvalido ante las oscuras fuerzas que rigen su vida.

Conforme se ha visto, los distintos tipos de imágenes desempeñan, de una manera u otra, el papel de identificadoras de la condición de Pascual Duarte y su sociedad. Además, muchas de ellas sirven para crear cierta disonancia dentro de la novela, ya que señalan semejanzas, para nosotros inesperadas y chocantes. Su eficacia radica tanto en la lógica de las comparaciones dentro del contexto como en nuestra negativa a aceptarlas fácilmente. Como sucede que podemos proyectarnos en las percepciones de Pascual Duarte, al darnos cuenta de esto reaccionamos con horror ante nuestra propia comprensión. Queremos disociarnos del relato, pero es demasiado tarde. Cela ha logrado tocar nuestra sensibilidad; ha logrado absorbernos dentro de su mundo. Así, lo que sacamos del relato es una impresión de incongruencia y disconformidad, la cual es, al fin y al cabo, la impresión del mismo Cela ante su propia realidad.

A menudo esta incongruencia que penetra la obra resulta bastante irónica al ser juzgada desde nuestra perspectiva. Por ello nos hemos referido de vez en cuando a la indagación de Mary Ann Beck, «Nuevo encuentro con *La familia de Pascual Duarte*». No nos hemos detenido en este estudio expresamente para sondear sus defectos, aunque varios de los juicios ofrecidos en él precisaron nuestra reacción crítica. Más bien, hemos querido mostrar que si bien este estudio aclara muchos aspectos de la ironía inherente en la novela, no puede servir de interpretación para el significado total de la obra. *La familia de Pascual Duarte* abunda en ambigüedades que favorecen el desarrollo de conclusiones diferentes y hasta divergentes. Por lo tanto, hay que seguir con cuidado, con agudeza y con paciencia para llegar al fondo del mundo pascualiano. La ironía es sólo una de las armas utilizadas por Cela para caracterizar a su protagonista; según nuestro parecer, es una ironía que surge del autor a veces con severidad, pero más a menudo con compasión, ya que sirve como una vasija que lleva dentro una ironía más profunda que afecta a Pascual de una manera trágica.

En resumen, la imaginería, tal como se emplea dentro de la novela, es un recurso de mucho efecto. Su función no es tanto la de poetizar el relato con matices finos y delicados como la de transmitir al lector un concepto pleno y penetrante de la realidad pascualiana. A causa de ella, no sólo podemos comprender mejor la existencia de Pascual, sino también experimentarla más profundamente. José Ortega y Gasset nos dice que «el imperativo de la novela es la autopsia. Nada de referirnos lo que un personaje es: hace falta que lo veamos con nuestros propios ojos» [3]. Para que comprendamos algo de la totalidad del pensamiento celiano, el autor lo ha concretado en su Pascual Duarte, y para que sintamos más profunda y emocionalmente las resonancias de su actitud, ha salpicado la obra con una buena dosis de imágenes. De suerte que entendemos más cabalmente la violencia, la fealdad y la desgracia que se traslucen en todas las dimensiones de la existencia de Pascual, y hasta nos damos cuenta de que estas característi-

---

[3] *Meditaciones del Quijote. Ideas sobre la novela* (Madrid: Espasa-Calpe, S. A., 1964), p. 166.

ticas son todas la imagen de la vida interior tanto del protagonista como de su creador. Estas cualidades expresan de una manera fácilmente comprensible el conflicto, la tensión y, sobre todo, el aturdimiento del hombre moderno ante la vida. Pascual Duarte es el prototipo literario de este hombre moderno, y como tal refleja su estado de aislamiento y confusión. La visión que nos ofrece de la vida y la muerte, y de la amargura que queda patente ante las dos, es una visión promovida por el mismo Cela. *La familia de Pascual Duarte,* pues, es la imagen de la familia del hombre, una imagen que Camilo José Cela nos brinda con una maestría singular y consumada.

BIBLIOGRAFIA

DE CAMILO JOSÉ CELA

CELA, CAMILO JOSÉ: «Algunas palabras al que leyere», en *Mrs. Caldwell habla con su hijo*. Barcelona: Ediciones Destino, S.L., 1953, pp. 9-15.
— *Baraja de invenciones*. Valencia: Editorial Castalia, 1953.
— *Cuatro figuras del 98: Unamuno, Valle Inclán, Baroja, Azorín y otros retratos y ensayos españoles*. Barcelona: Editorial Aedos, 1961.
— *Diccionario secreto, 1-2*. Madrid: Ediciones Alfaguara, S.A., 1968, 1971.
— *La familia de Pascual Duarte*, en *Obra completa de Camilo José Cela*, tomo I. Barcelona: Ediciones Destino, 1962, pp. 47-201.
— «Pascual Duarte, de limpio», en *Obra completa*, I, pp. 43-46.
— «Estética», en *Obra completa*, I, pp. 534-535.
— «Notas para un prólogo», en *Obra completa*, I, pp. 542-547.
— «En vez de prólogo», en *Obra completa*, I, pp. 548-549.
— «Palabras ocasionales», en *Obra completa*, I, pp. 581-584.
— *Mesa revuelta*. Madrid: Taurus Ediciones, S.A., 1957.
— *Oficio de tinieblas 5*. Barcelona: Editorial Noguer, S.A., 1973.

SOBRE *La familia de Pascual Duarte* Y TEMAS AFINES

ALBORG, JUAN LUIS: *Hora actual de la novela española*. Madrid: Taurus, 1958, pp. 79-113.
BACHE CORTÉS, YOLANDA, e IRMA ISABEL FERNÁNDEZ ARIAS: *Pascual Duarte y Alfanhuí: dos actitudes de posguerra*. México: Universidad Nacional Autónoma de México, 1979.

BAREA, ARTURO: «La obra de Camilo José Cela». *Cuadernos,* núm. 7, julio-agosto, 1954, pp. 39-43.

BECK, MARY ANN: «Nuevo encuentro con *La familia de Pascual Duarte». Revista Hispánica Moderna,* núm. 30, 1964, pp. 279-298.

BERNSTEIN, J. S.: «The Matricide of Pascual Duarte». *Homenaje a Rodríguez-Moñino.* Madrid: Editorial Castalia, 1966, pp. 75-82.

— «Pascual Duarte and Orestes». *Symposium,* XXII, núm. 4, 1968, pp. 301-318.

BROWN, G. G.: *A Literary History of Spain: The Twentieth Century.* Londres: Ernest Benn Limited, 1972, pp. 144-150.

BUSETTE, CEDRIC: «*La familia de Pascual Duarte and the Prominence of Fate». Revista de Estudios Hispánicos,* VIII, núm. 1, enero, 1974, pp. 61-67.

CABAÑAS, PABLO: «Camilo José, novelista». *Cuadernos de Literatura,* II, núm. 4, julio-agosto, 1947, pp. 87-114.

CAMUS, ALBERT: *L'Etranger,* ed. Germaine Brée y Carlos Lynes, Jr. Nueva York: Appleton-Century-Crofts, Inc., 1955.

CASTELLET, J. M., GUILLERMO DE TORRE, ARTURO TORRES-RÍOSECO, LEOPOLDO DE LUIS y CAMILO JOSÉ CELA: «Camilo José Cela: vida y obra». *Revista Hispánica Moderna,* XXVIII, 1962, pp. 107-209.

CORRALES EGEA, JOSÉ: *La novela española actual.* Madrid: Editorial Cuadernos para el Diálogo, S. A., 1971.

DOMINGO, JOSÉ: «La poderosa personalidad de Camilo José Cela», en *La novela española del siglo XX: 2- de la postguerra a nuestros días.* Barcelona: Editorial Labor, S. A., 1973, pp. 39-47.

DONAHUE, FRANCIS: «Cela and Spanish 'Tremendismo'». *Western Humanities Review,* XX, núm. 4, 1966, pp. 301-306.

DYER, SOR MARY JULIA: «*L'Etranger* y *La familia de Pascual Duarte:* un contraste de conceptos». *Papeles de Son Armadans,* XLIV, núm. 132, marzo, 1967, pp. 265-304.

EOFF, SHERMAN: «Tragedy of the Unwanted Person, in Three Versions: Pablos de Segovia, Pito Pérez, Pascual Duarte». *Hispania,* XXXIX, núm. 2, mayo, 1956, pp. 190-196.

FELDMAN, DAVID M.: «Camilo José Cela and *La familia de Pascual Duarte». Hispania,* XLIV, núm. 4, diciembre, 1961, pp. 656-659.

FERRER, OLGA P.: «La literatura española tremendista y su nexo con el existencialismo». *Revista Hispánica Moderna,* núm. 2, año XXII (abril de 1956), pp. 297-303.

FOSTER, DAVID WILLIAM: «Social Criticism, Existentialism, and *Tre-*

mendismo in Cela's *La familia de Pascual Duarte». Kentucky Foreign Language Quarterly,* XIII, Supplement, 1967, pp. 25-33.

— *Forms of the Novel in the Work of Camilo José Cela.* Columbia, Missouri: Univ. of Missouri Press, 1967, pp. 1-33.

GIMÉNEZ-FRONTÍN, JOSÉ LUIS: *Camilo José Cela: texto y contexto.* Barcelona: Montesinos Editor, S. A., 1985, especialmente «De falsos pícaros y confesiones falsas», pp. 29-47.

GÓMEZ-SANTOS, MARINO: «Cela cuenta su vida», incluido en *Diálogos españoles.* Madrid: Ediciones Cid, 1958, pp. 123-171.

GONZÁLEZ, BERNARDO ANTONIO: «*La familia de Pascual Duarte», Parábolas de identidad.* Maryland: Scripta Humanistica, 1985, pp. 22-46.

GONZÁLEZ LÓPEZ, EMILIO: «Camilo José Cela» (estudio crítico), en *La familia de Pascual Duarte.* Nueva York: Las Américas Publishing Co., 1965, pp. 123-144.

GULLÓN, GERMÁN: «Contexto ideológico y forma narrativa en *La familia de Pascual Duarte:* En busca de una perspectiva lectorial», *Hispania,* 68, núm. 1, marzo, 1985, pp. 1-8.

GULLÓN, RICARDO: «The Modern Spanish Novel». *Texas Quarterly,* IV, núm. 1, primavera de 1961, pp. 79-96.

HOYLE, A.: «*La familia de Pascual Duarte:* psicoanálisis de la historia». *Actas del VIII Congreso de la Asociación Internacional de Hispanistas,* Vol. II (Brown University, 22-27 agosto, 1983), A. David Kossoff, José Amor y Vázquez, Ruth H. Kossoff, Geoffrey W. Ribbans, eds. Madrid: Ediciones Istmo, 1986, pp. 1-11.

— «Pascual Duarte y el cementerio de Torremejía». *Nueva Estafeta,* 27, febrero, 1981, pp. 118-122.

HOYOS, ANTONIO DE: *Ocho escritores actuales.* Murcia: Aula de Cultura, 1954, pp. 123-151.

ILIE, PAUL: *La novelística de Camilo José Cela.* Biblioteca románica hispánica dirigida por Dámaso Alonso. II. Estudios y ensayos. Madrid: Editorial Gredos, 1963.

JONES, MARGARET E. W.: *The Contemporary Spanish Novel, 1939-1975.* Boston: Twayne Publishers, 1985, especialmente las páginas 15-26.

KERRIGAN, ANTHONY: «Introduction» to *The Family of Pascual Duarte.* Boston: Little, Brown and Co., 1964, pp. vii-xx.

KIRSNER, ROBERT: *The Novels and Travels of Camilo José Cela.* Chapel Hill: The Univ. of North Carolina Press, 1963.

— «Cela's Quest for a Tragic Sense of Life». *Kentucky Romance Quarterly,* XVII, núm. 3, 1970, pp. 259-264.

— «Camilo José Cela: la conciencia literaria de su sociedad». *Cuadernos Hispanoamericanos,* Homenaje a Camilo José Cela, 113-114, núm. 337-338, julio-agosto, 1978, pp. 51-60.

KRONIK, JOHN W.: «Pascual's Parole». *The Review of Contemporary Fiction,* IV, núm. 3, otoño, 1984, pp. 110-119.

LAÍN ENTRALGO, PEDRO: «La libertad de C. J. C.». *Papeles de Son Armadans,* 48, núm. 142, enero, 1968, pp. 175-181.

LÓPEZ, FRANCISCO ed.: *Mazurca para Camilo José Cela.* Madrid: Francisco López, 1986.

MALLO, JERÓNIMO: «Caracterización y valor del 'tremendismo' en la novela española contemporánea». *Hispania,* XXXIX, núm. 1, marzo, 1956, pp. 49-55.

MARAÑÓN, GREGORIO: «Prólogo» a *La familia de Pascual Duarte.* Colección Austral. Buenos Aires: Espasa-Calpe Argentina, S. A., 1955, pp. 25-31.

MARÍN MARTÍNEZ, JUAN MARÍA: «Sentido último de *La familia de Pascual Duarte*». *Cuadernos Hispanoamericanos,* Homenaje a Camilo José Cela, 113-114, núm. 337-338, julio-agosto, 1978, pp. 90-98.

MASOLIVER RÓDENAS, JUAN ANTONIO: «*Mazurca para dos muertos* Seen Through Its Characters». *The Review of Contemporary Fiction,* IV, núm. 3, otoño, 1984, pp. 81-104.

MERLINO, MARIO: «Muerte: crimen y discrimen». *Cuadernos Hispanoamericanos,* Homenaje a Camilo José Cela, 113-114, núm. 337-338, julio-agosto, 1978, pp. 188-210.

MCPHEETERS, D. W.: *Camilo José Cela.* Nueva York: Twayne Publishers, Inc., 1969.

NORA, EUGENIO G. DE: *La novela española contemporánea,* tomo II. Madrid: Editorial Gredos, 1962, pp. 111-130.

ORNSTEIN, JACOB, y JAMES Y. CAUSAY: «Camilo José Cela, Spain's New Novelist». *Books Abroad,* XXVII, núm. 2, marzo, 1953, pp. 136-137.

ORTEGA, JOSÉ: «Antecedentes y naturaleza del tremendismo en Cela». *Hispania,* XLVII, núm. 1, mayo, 1965, pp. 21-28.

PENUEL, ARNOLD M.: «The Psychology of Cultural Disintegration in Cela's *La familia de Pascual Duarte*». *Revista de Estudios Hispánicos,* XVI, núm. 3, octubre, 1982, pp. 361-378.

PÉREZ, JANET: «The Game of the Possible: Francoist Censorship and Techniques of Dissent». *The Review of Contemporary Fiction,* IV, núm. 3, otoño, 1984, pp. 22-30.

PÉREZ MINIK, DOMINGO: *Novelistas españoles de los siglos XIX y XX*. Madrid: Ediciones Guadarrama, S. L., 1957.

PREDMORE, RICHARD L.: «La imagen del hombre en las obras de Camilo José Cela». *La Torre*, IX, núm. 33, enero-marzo, 1961, pp. 81-102.

PRJEVALINSKY, OLGA: *El sistema estético de Camilo José Cela*. Valencia: Editorial Castalia, 1960.

RODRÍGUEZ, ALFRED, y JOHN TIMM: «El significado de lo femenino en *La familia de Pascual Duarte*». *Revista de Estudios Hispánicos*, XI, núm. 2, mayo, 1977, pp. 251-264.

SÁINZ DE ROBLES, FEDERICO CARLOS: *La novela española en el siglo XX*. Madrid: Pegaso, 1957, pp. 237-242.

SÁNCHEZ LOBATO, JESÚS: «La adjetivación en *La familia de Pascual Duarte*». *Cuadernos Hispanoamericanos*, Homenaje a Camilo José Cela, 113-114, núm. 337-338, julio-agosto, 1978, pp. 99-112.

SOBEJANO, GONZALO: «Reflexiones sobre *La familia de Pascual Duarte*». *Papeles de Son Armadans*, 48, núm. 142, enero, 1968, pp. 19-58.

— *Novela española de nuestro tiempo (en busca del pueblo perdido)*. Madrid: Editorial Prensa Española, 1970, 2.ª edición, capítulo III.

SPIRES, ROBERT: «Técnica y tema en *La familia de Pascual Duarte*: Tres incidentes claves». *Ínsula*, núm. 298 (septiembre de 1971), pp. 1 y 13.

— «Systematic Doubt: The Moral Act of *La familia de Pascual Duarte*». *Hispanic Review*, 40, núm. 3, verano 1972, pp. 283-302.

— «La dinámica tonal de *La familia de Pascual Duarte*». *La novela española de posguerra*. Madrid: Editorial Cupsa, 1978, pp. 24-51.

SUÁREZ SOLÍS, SARA: *El léxico de Camilo José Cela*. Madrid: Alfaguara Editorial, 1969.

THOMAS, MICHAEL D.: «Narrative Tension and Structural Unity in Cela's *La familia de Pascual Duarte*». *Symposium*, XXXI, núm. 2, verano 1977, pp. 165-178.

TINNELL, ROGER D.: «Camilo José Cela». *The Review of Contemporary Fiction*, IV, núm. 3, otoño 1984, pp. 38-43.

TUDELA, MARIANO: *Cela*. Madrid: Ediciones y Publicaciones Españolas, S. A., 1970.

VERNON, KATHLEEN M.: «'La Politique des Auteurs': Narrative Point of View in *Pascual Duarte*, Novel and Film». *Hispania*, 72, núm. 1, mayo, 1989, pp. 87-96.

ZAMORA VICENTE, ALONSO: *Camilo José Cela: acercamiento a un escritor*. Madrid: Editorial Gredos, 1962.

SOBRE LA IMAGINERÍA

ARISTOTLE: *Poetics,* trad. por S. H. Butcher, introducción por Francis Fergusson. Nueva York: Hill and Wang, 1967.

BARTHES, ROLAND: *Le degré zéro de l'écriture.* París: Éditions du Seuil, 1953.

BLACK, MAX: «Metaphor», en *Models and Metaphors. Studies in Language and Philpsophy.* New York: Cornell Univ. Press, 1962, pp. 25-47.

BOOTH, WAYNE C.: *The Rhetoric of Fiction.* Chicago: The Univ. of Chicago Press, 1967.

BROOKE-ROSE, CHRISTINE: *A Grammar of Metaphor.* London: Secker & Warbug, 1958.

BROWN, STEPHEN J., S. J.: *The World of Imagery: Metaphor and Kindred Imagery.* New York: Russell & Russell, 1966.

BURKE, KENNETH: «Four Master Tropes», en *A Grammar of Motives.* New York: Prentice- Hall, Inc., 1945, pp. 503-517.

CASTAGNINO, RAÚL H.: *El análisis literario.* Buenos Aires: Editorial Nova, 1953.

DÍAZ-PLAJA, GUILLERMO: *El poema en prosa en España.* Barcelona: Editorial Gustavo Gili, S. A., 1956.

EMBLER, WELLER: *Metaphor and Meaning.* Florida: Everett/Edwards, Inc., 1966.

FOSS, MARTIN: *Symbol and Metaphor in Human Experience.* New Jersey: Princeton Univ. Press, 1949.

FRYE, NORTHROP: *Anatomy of Criticism.* New York: Atheneum, 1966.

GUIRAUD, PIERRE: *La estilística,* trad. por Marta G. de Torres Agüero. Buenos Aires: Editorial Nova, 1960.

HENLE, PAUL: «Metaphor», en *Language, Thought, and Culture,* ed. Paul Henle. Ann Arbor: The Univ. of Michigan Press, 1958, pp. 173-195.

HORNSTEIN, LILLIAN HERLANDS: «Analysis of Imagery: a Critique of Literary Method». *PMLA,* LVII, núm. 3, septiembre, 1942, pp. 638-653.

KAMES, HENRY HOME (Lord): *Elements of Criticism,* ed. Rev. James R. Boyd. New York: A. S. Barnes & Co., 1867.

KLEISER, GRENVILLE: *Similes and their use.* Nueva York: Funk & Wagnalls Co., 1925, pp. 3-18.

KONRAD, HEDWIG: *Étude sur la métaphore.* París: Librairie Philosophique J. Vrin, 1958.

LAMBORN, E. A. GREENING: *The Rudiments of Criticism.* Oxford: Clarendon Press, 1925.

LEAKEY, F. W.: «Intention in Metaphor». *Essays in Criticism,* IV, núm. 2, abril, 1954, pp. 191-198.

LEWIS, CECIL DAY: *The Poetic Image.* New York: Oxford Univ. Press, 1947.

Metaphor and Symbol, ed. L. C. Knights y Basil Cottle. Proceedings of the Twelfth Symposium of the Colston Research Society held in the Univ. of Bristol. London: Butterworths Scientific Publications, 1960.

MURRY, JOHN MIDDLETON: «Metaphor», en *Countries of the Mind: Essays in Literary Criticism.* Second Series. London: Oxford Univ. Press, 1931, pp. 1-16.

— *The Problem of Style.* London: Oxford Univ. Press, 1922.

ORTEGA Y GASSET, JOSÉ: *La deshumanización del arte y otros ensayos estéticos.* Madrid: Revista de Occidente, S. A., 1967.

— «Las dos grandes metáforas», en *El espectador,* tomo II. Madrid: Revista de Occidente, 1936, pp. 121-145.

— *Meditaciones del Quijote. Ideas sobre la novela.* Madrid: Espasa-Calpe, S. A., 1964.

PERRINE, LAURENCE: *Sound and Sense: An Introduction to Poetry.* Nueva York: Harcourt, Brace and Co., Inc., 1956.

RICHARDS, I. A.: «Metaphor», en *The Philosophy of Rhetoric.* Nueva York: Oxford Univ. Press, 1950, pp. 89-138.

— *Principles of Literary Criticism.* Nueva York: Harcourt, Brace & World, Inc., 1925.

SCHORER, MARK: «Fiction and the 'Analogical Matrix'», en *Critiques and Essays on Modern Fiction,* ed. John W. Aldridge. Nueva York: The Ronald Press Co., 1952, pp. 83-98.

SPURGEON, CAROLINE F. E.: *Shakespeare's Imagery and What it tells us.* Nueva York: Cambridge Univ. Press, 1965.

TURBAYNE, COLIN MURRAY: *The Myth of Metaphor.* New Haven: Yale Univ. Press, 1962.

ULLMANN, STEPHEN: «The Image in the Modern Novel», en *Style in the French Novel.* Oxford: Basil Blackwell, 1964, pp. 210-262.

WELLEK, RENÉ, y AUSTIN WARREN: *Theory of Literature*. Nueva York: Harcourt, Brace & World, Inc., 1956.

WELLS, HENRY W.: *Poetic Imagery*. Nueva York: Columbia Univ. Press, 1924.

WHEELWRIGHT, PHILIP: *The Burning Fountain: A Study in the Language of Symbolism*. Bloomington: Indiana Univ. Press, 1954.

— *Metaphor and Reality*. Bloomington: Indiana Univ. Press, 1962.

EDITORIAL PLIEGOS

colección pliegos de ensayo

1. *La narrativa de Carlos Droguett*, Teobaldo A. Noriega.
2. *El teatro de Alonso Remón*, Ven Serna López.
3. *La Fuente Ovejuna de Federico García Lorca*, Suzanne W. Byrd.
4. *Aproximación histórica a los Comentarios Reales*, Raysa Amador.
5. *Valle-Inclán: Las comedias bárbaras*, Lourdes Ramos-Kuethe.
6. *Tradición y modernidad en la poesía de Carlos Germán Belli*, W. Nick Hill.
7. *José Díaz Fernández y la otra Generación del 27*, Laurent Boetsch.
8. *En torno a la poesía de Luis Cernuda*, Richard K. Curry.
9. *Naturalismo y espiritualismo en la novelística de Galdós y Pardo Bazán*, Mariano López-Sanz.
10. *Espejos: la textura cinemática en La traición de Rita Hayworth*, René A. Campos.
11. *En el punto de mira: Gabriel García Márquez*, varios autores.
12. *Idea y representación literaria en la narrativa de René Marqués*, Vernon L. Peterson.
13. *El primer Onetti y sus contextos*, María C. Milián-Silveira.
14. *La novela negrista en Hispanoamérica*, Shirley Jackson.
15. *La dialéctica del amor en la narrativa de Juan Valera*, Carole J. Rupe.

EN PREPARACIÓN